LA PRÁCTICA DEL SOÑAR

Robert Bosnak

LA PRÁCTICA DEL SOÑAR

*Explorar nuestro interior
a través del trabajo
con los sueños*

EDICIONES OBELISCO

Si este libro le ha interesado y desea que le mantengamos informado
de nuestras publicaciones, escríbanos indicándonos qué temas son de su interés
(Astrología, Autoayuda, Psicología, Artes Marciales, Naturismo,
Espiritualidad, Tradición…) y gustosamente le complaceremos.

Puede consultar nuestro catálogo en www.edicionesobelisco.com

Colección Psicología junguiana
LA PRÁCTICA DEL SOÑAR
Robert Bosnak

1.ª edición: noviembre de 2020

Título original: *Tracks in the Wilderness of Dreaming*

Traducción: *Laia Obregón Overto*
Corrección: *Sara Moreno*
Diseño de cubierta: *TsEdi, Teleservicios Editoriales, S. L.*

© 1996, Robert Bosnak
Título publicado por acuerdo con Delacorte Press,
sello editorial de Random House, división de Penguin Random Hause LLC.
(Reservados todos los derechos)
© 2020, Ediciones Obelisco, S. L.
(Reservados los derechos para la presente edición)

Edita: Ediciones Obelisco, S. L.
Collita, 23-25. Pol. Ind. Molí de la Bastida
08191 Rubí - Barcelona - España
Tel. 93 309 85 25
E-mail: info@edicionesobelisco.com

ISBN: 978-84-9111-609-7
Depósito Legal: B-19.360-2020

Impreso en los talleres gráficos de Romanyà/Valls S. A.
Verdaguer, 1 - 08786 Capellades - Barcelona

Printed in Spain

Dedicado a Arthur Bosnak (1911-1990)

«Quizás no hayas acabado de completar el ritual del entierro. Quizás haya algo que aún tengas que hacer por el muerto».

NGANYINYTJA, 1993

«Esto me demostró que era un fragmento de mi propio análisis, como mi reacción a la muerte de mi padre, el acontecimiento más significativo, la pérdida más conmovedora en la vida de un hombre».

SIGMUND FREUD, 1907
Prólogo a la segunda edición de
La interpretación de los sueños

AGRADECIMIENTOS

Este libro debe su existencia a Deanne, Learka, David, Abbemie, y Arthur Bosnak.

También a John Bosnak, David Tacey, John Baber, Diana James, Nganyinytja, Ilyatjari, Rodney Cole Ravenswood, Trevor Baker, Anne Noonan, Brendon McPhilips, Susan Dwyer, Christine Zsizsmann, Dianne Sutton, Perno Theodore, Sybe Terwee, Petra Branderhorst, Monica Linschoten, Aad van Ouwerkerk, Rudolf Ritsema, James Hillman, Henry Corbin, Aniela Jaffé, Adolf Guggenbühl Craig, C. G. Jung, Sigmund Freud, Toni Frey-Wehrlin, Mario Jacoby, Angelyn Spignesi, W. Fred Long, Stephan Rechtschaffen, Mickey Lemle, Ling Lucas, Jean Christoph Boele van Hensbroek, Hanako Hamada, Juliana Simon, Monique, Robert Sheavly, Sarah Jackson, Roger Talbot, Greg Shaw, Maggie Bromell, Deirdre Barrett, Roseanne Armitage, Rita Dwyer, Kimberly Anthony Nichols, Dawn Werneck, Donna Clark, Barbara Fish Lee, y François Gaarland-Kist, así como a mis editores Ed Vesneske, Jr., y Stephanie Gunning.

I
EL CENTRO ROJO

Aquel mes, después de la muerte de mi padre me sentí impulsado a realizar un ritual en mi oficina cada fin de semana.

Detrás de mi silla, en la pared, encima de la chimenea que calentaba la habitación victoriana de Cambridge algunos años antes de convertirla en despacho psicoanalítico en 1977, cuelga un extraño utensilio que había pertenecido a una vieja estufa de leña: un grueso molde de hierro que se sostiene a un aro por la parte de arriba, al mismo tiempo que está sólidamente conectado a otro por la parte de abajo.

Al morir mi padre empecé a tocar el aro de abajo, ahuecándolo con mi mano izquierda hasta la altura de mi cabeza. Entonces cerraba los ojos y podía ver las galaxias. Mi visión viajaba en espiral hasta el centro de esta Vía Láctea. Y allí donde la luz se hacía más densa podía contemplar la cabeza de mi padre y, también, el orgullo de su pelo blanco peinado en forma de «v» por encima de su piel calva y brillante que flotaba en medio de diminutos y brillantes puntos que se convertían en una nube blanca de estrellas luz.

Entonces yo podía decirle: «Gracias por todo lo que me has dado y por todo lo que no me has dado. Ahora tómalo de vuelta». Este ritual me permitía sacar fuera de mí toda preocupación y me dejaba libre para ir en busca de mi propio y genuino placer. Mi yo racional se ríe con aires de superioridad de todo esto: cosas de niños, costumbres anticuadas… Sin embargo, hasta el día de hoy, tres años más tarde, la locura continúa ritualizándose, ella sola, hacia el final de cada semana.

Ilyatjari el *ngankari*, un médico aborigen del espíritu, del pueblo pitjantjatjara de Australia Central que trata con el cuerpo y con el alma, está sentado frente a mí. Su cara es oscura y brillante; sus ojos curiosos me observan con intenso desapasionamiento. Está totalmente absorto en el problema. Sabe de cuán lejos vengo –he cruzado continentes y hemisferios– y qué poco tiempo tengo. Quiere hablar conmigo. ¿Cómo puedo dominar todo esto en menos de una semana? Le digo que quiero contarle mis sueños. Es una formalidad. Hacía tiempo, algunos meses antes de este primer viaje al interior de Australia, había escrito a la antropóloga Diana James, que habla su lengua, preguntándole si sabía de algún médico aborigen de sueños dispuesto a conocer a un médico de sueños occidental, a fin de discutir este oficio común. Ilyatjari estuvo de acuerdo.

—¿Tengo que explicarle, primero, cómo trabajo yo? –pregunto para que observe qué es lo que hago.

Asiente con la cabeza, después de escuchar la traducción. Él mismo, su mujer y su cuñada piensan que es una excelente idea. Están sentados sobre la arena ardiente y fina de color siena, confortables en sus ropas sucias. Las mías también están llegando a ese estado, pero ellos aún tienen algunos restos de suciedad de la otra mitad del mundo, a sus espaldas. Estoy sentado, con el dorso apoyado en un taburete de viaje, aunque más tarde, con el calor de nuestra conversación, me bajo para estar más cerca de ellos. Un perro callejero salpicado de pequeñas manchas marrones duerme completamente estirado detrás de Ilyatjari.

Sin pensármelo demasiado, elijo el último sueño con el que trabajé que aún está fresco en mi memoria. Es el sueño de un hombre blanco y joven presentado en las prácticas de sueños en Melbourne (un entrenamiento de trabajo con sueños en los que se usa el material aportado por los participantes). Sin embargo, mientras hablo me doy cuenta de que la historia que narro es también la mía. La elección no ha sido casual.

—Anteayer, un hombre de unos treinta años se me presentó con un sueño con el que trabajé –empiezo.

El sueño tiene que ver con un coche. Sé que Ilyatjari viaja por el desierto rojo en un vehículo de cuatro ruedas. Lo vimos llegar al campamento envuelto en una nube de polvo, conduciendo el coche desde el lado del pasajero, como si fuera a volcar, mientras le sonreía, travieso, a Diana.

—Este hombre joven está conduciendo su coche por la carretera que da a su enorme mansión en Inglaterra. Una gran casa occidental. Puede oír el sonido de los guijarros que hay en el camino. Le encanta conducir. Es un coche descapotable. Un gran coche. Llega a la autopista y empieza a ir a toda velocidad. El motor hace ruidos extraños. Está completamente ahogado. De repente, tiene demasiadas revoluciones por minuto, pequeñas interrupciones, se atasca, da pequeños saltos hacia adelante y el coche se sacude como en una conmoción nauseabunda. El conductor oye el ruido del motor hasta que se da cuenta de que hay una mujer sentada a su lado, apretándose los pulmones, aterrorizada. Él, sobresaltado, se despierta temblando.

Diana finaliza su traducción en la lengua pitjantjatjara. Los tres ancianos mueven la cabeza.

El desierto parece aún más silencioso en contraste con la velocidad del conductor.

—Éste es el sueño. Ahora voy a explicar lo que hice. Primero le propuse al soñador que sintiera el poder del coche. Él pudo percibirlo profundamente en todo su cuerpo, en sus ingles, en sus genitales, cosa que lo llenaba de regocijo y de poder. Una vez logrado esto le ayudé a escuchar el ruido del motor desde el principio, y como era incapaz de satisfacer su demanda de velocidad y de poder, lo había quemado completamente. Llegó a sentir el impacto en su cuerpo. Éste es un sueño típico de un hombre occidental –añadí–. Ésta es la causa de que haya tantos hombres occidentales que padezcan ataques de corazón al trabajar tanto. Ellos conducen. Su motor está a más revoluciones por minuto de las que en realidad es posible soportar.

Mientras Diana traduce, me doy cuenta de que me siguen, de que han captado los peligros de la rápida velocidad de la cultura occidental. Nganyinytja, la mujer de Ilyatjari, mueve la cabeza como si no se lo acabara de creer. Supongo que no cree que exista alguien que se conduzca a sí mismo hacia la muerte. Pero quizás está pensando algo completamente diferente y sólo sea una observación desde mi propia reflexión crítica sobre mi duro estilo de vida.

—Entonces, le pido al soñador que se sienta a sí mismo dentro del espíritu de la mujer, que permita al espíritu del grito de la mujer aterrorizada que penetre en él. Que se permita ser capturado por el espíritu de la mujer que está sentada junto a él. Aunque al principio oye y recuerda el tono de la voz de ella, de repente puede reconocer el sonido de sus propias lágrimas y de sus propios gemidos. Puede sentir todo su dolor y su vulnerabilidad de una manera que jamás, hasta entonces, había experimentado. Este sentimiento de vulnerabilidad con el que se queda después de sentir el miedo de la mujer en sí mismo es esencial para su vida. Es precisamente este pánico el que aparta a la gente. Al experimentarlo profundamente puede reducirlo. Tratar de evitarlo con rigidez es aún más peligroso. Lo aísla y lo distancia de la gente. Lo convierte en un solitario. La gente lo evita. Quizás ahora pueda estar con la mujer sin hacer que se vaya, quizás ahora pueda tener una familia.

Acabo esta breve sinopsis del taller de sueños de Melbourne consciente de la importancia de la familia como algo universal que todo el mundo entiende. Algún nieto de Ilyatjari está alborotando en la parte de atrás con el hijo de seis años de Diana. He hecho aparecer al soñador más aislado y atemorizado de lo que, en realidad, estaba en Melbourne porque quería sacar fuera todo el potencial de un sueño así.

—Es una buena manera de trabajar –me dice.

Me sonrojo. Las dos mujeres están conmovidas ante la idea del hombre joven al borde de un ataque al corazón. Tienen los ojos húmedos.

—Y él, ¿cómo trabaja? –interrogo a Diana.

La cara de color marrón oscuro de Ilyatjari es semejante a la de los gnomos de los cuentos de nuestra infancia, con rasgos profundamente trabajados, serios, pero con un destello juguetón en sus ojos, mientras explica una historia a Diana que la traduce parte por parte.

Alrededor nuestro, la tierra de color polvo, gastada y quebradiza, aparenta un mundo hecho de arena. Miríadas de pequeñas flores resplandecientes hablan de las lluvias recientes que fertilizan el desierto. Los árboles parecen vivir prescindiendo de la sequía, con su piel de pergamino de corteza seca, como si permanecieran muertos. Pero no lo están.

Mientras Ilyatjari habla con Diana, súbitamente recuerdo mi sueño de la noche anterior en el que visitaba la Casa Blanca para conocer a un inseguro presidente Clinton. Celebraban una reunión del Gabinete; en la parte de atrás había un foso rectangular desde donde una bandada de oscuros murciélagos jurásicos echaba a volar, aleteando con sus delgadas alas, rojas y abiertas de par en par –una vista imponente–. Pregunto si son pterodáctilos. Un hombre que conozco me responde que no. Sólo se trata de pájaros arcaicos que jamás había visto. Parecería como si en la parte trasera de la Casa Blanca de mi mente occidental surgiera la inseguridad, el miedo a perder su principal agarradero, mientras la existencia ancestral emerge desde el foso.

—Cuando llega la noche se convierte en un águila –traduce Diana.

Ilyatjari hace señas con las manos juntas como si se zambullera en el camino, como describiendo un eslalon de esquí acuático o un avión en el aire. Se lanza desde arriba para coger la enfermedad de la persona que está durmiendo para curarla.

Ilyatjari sigue las palabras de ella con cuidado, lo que me convence de que su inglés es más que rudimentario. Presiona los dos lados de sus hombros como si fuera a volar con sus palabras, entonces agita sus brazos con una libertad exuberante.

—Toma a la persona enferma en su espalda y la sujeta cuidadosamente.

Sus hombros se echan para atrás hasta el punto en que los dos omóplatos casi se tocan. Me doy cuenta de que está ayudando al pasajero que carga en su espalda para poder llevarlo mejor. Al llevarlo entre sus hombros puede volar a una velocidad más rápida.

—Entonces vuela en línea recta hacia la Vía Láctea. Dice que su mente permanece y que, muchas veces, la persona enferma lo reconoce más tarde. Pero al paciente no se le permite decir que el *ngankari* lo tomó en el vuelo del águila. Al *ngankari* se le permite decirlo, pero no al paciente. Entonces, él busca su sitio en la Vía Láctea, que es como la palma de la mano. Allí donde están los *ngankari* muertos.

Ilyatjari dibuja una especie de mano en la arena y pone palos pequeños alrededor. Trabaja lenta y deliberadamente; la intensidad de su atención casi me hace ver el sitio del cual está hablando. La arena roja describe su viaje al centro de la Vía Láctea. La pintura de arena permanece debajo conmemorando su viaje nocturno.

—Ésos son los palos. Se parten en dos: él y el hombre enfermo que lleva a hombros. Los palos los penetran.

Veo al médico y al paciente atravesados por las vigas de un antiguo poder sanador. Entonces regresa en un vuelo zigzagueante, de una manera ruda, pero, al mismo tiempo, tratando de no perder a la persona enferma. Si ésta se cae, enfermará otra vez.

Ilyatjari la interrumpe. Sus movimientos son salvajes, luego para. Es una larga historia.

—Ilyatjari dice que cuando uno está aprendiendo a ser un *ngankari*, a veces puede dejar caer al paciente, por inexperiencia o por exceso de confianza. El *ngankari* aprende mucho de esta experiencia. Luego tiene que empezar otra vez desde el principio y aprender a volar de una manera segura –explica Diana.

Esto me recuerda una vez que cometí un error con un paciente, un error de medición, de no calcular el momento adecuado, que generó una explosión de ira en el paciente porque yo ya no podía sostenerlo más. Había tomado consciencia demasiado pronto, mucho antes de que fuera capaz de poder asumir. Obviamente, su análisis se desmoronó, y me dio una gran lección sobre mi capacidad de contener la irritación y sobre la previsión al calcular el momento adecuado en las relaciones terapéuticas. Mientras pienso que aprendemos más nosotros de nuestros errores que nuestros pacientes, Ilyatjari está explicando algo de un modo más discursivo, no como el vuelo del soplo de un momento antes. Me espero a la traducción de Diana.

—A menudo, la persona enferma después de un viaje así quiere convertirse en un *ngankari*, en un hombre medicina, pero Ilyatjari le dirá que no puede. Sólo es posible después de muchos viajes.

Me río y digo que ocurre lo mismo que con el análisis. Al principio, muchos quieren convertirse en analistas. Lo llamamos transferencia.

—A la mañana siguiente, chupa los palos de la persona enferma. ¡Ya está! Curado. ¿Quién es el siguiente?

—¿Siempre ha sido capaz de hacer esto? —pregunto mientras espero no traicionar mis agudos dolores de envidia.

—Dice que siempre ha tenido como una *segunda vista*. Que podía ver cosas que otros no podían. De adolescente perdió la capacidad porque odiaba al puercoespín, lo que no era bueno, ni para los *ngankari* ni para la segunda visión. Pero un viejo *ngankari* le dijo que ese talento retornaría lentamente. Y así fue. Sus ojos se abrieron y así también su boca. A partir de entonces, le fue posible chupar y sacar fuera lo malo del enfermo.

El vuelo del águila de Ilyatjari me recuerda la bandada de pájaros ancestrales que vi ayer por la noche. La Vía Láctea es la perfecta descripción del universo del sueño, donde el alma viaja a través del mundo de los reflejos, tan real como los cuerpos del cielo.

Actualmente, el *ngankari* vuela. No es que sólo piense que vuela, sino que vuela. La experiencia es tan real como mis veinte horas de vuelo a Australia. Yo viajé a través del aire; él vuela a través de la esencia del espacio.

Por los sueños, sabemos que ni la presencia en el espacio ni en el mundo físico dependen de la materia. Aunque el ambiente del sueño sea inmaterial, se presenta a sí mismo como físicamente real. Ésta es una de las pocas leyes de la experiencia humana que tiene verdaderas consecuencias. *Mientras dormimos estamos completamente rodeados de apariencia física.* Durante algunas horas cada noche, los pájaros ancestrales ascienden del foso de la parte trasera olvidando las leyes del día.

Recuerdo con cierto temblor mi ritual semanal —desde donde mi razón se divierte conmigo— cuando visito a mi padre en el racimo brillante de estrellas en la galaxia. En el otro lado de la Tierra y con cincuenta mil años de civilización en medio, vemos lo mismo: él, su hombre medicina muerto concentrado en un puñado de la Vía Láctea; yo, mi padre muerto en un denso racimo de galaxia.

Sin embargo, esa misma noche empezó un ciclo de sueños con mi padre. Lo abracé después de darme cuenta de que no había muerto. Lo maravilloso fue que dichos sueños estuvieron flanqueados por dos abrazos: uno, al principio; otro, al final.

Muerte y renovación me emocionan. Edificios destruidos, terremotos; mi viaje al centro me ha sacudido.

2
LA ACCIÓN DEL GENIO

Sueño con una mujer hermosa

Cuando me despierto, la encuentro en mi cocina. Es una conocida que ha venido de visita. Me sonrojo cuando la veo. Ella no. Ella sonríe de una manera educada y continúa su conversación con mi esposa. Sé que no es la misma que estaba en mi sueño, porque en ese caso sí que se hubiera puesto roja como un tomate.

Entonces, ¿quién era ese doble idéntico que me amaba mientras dormía?

Mucha gente diría que sólo se trata de un deseo mío. Y, seguramente, no puedo negar que me encantaría sentirla en mis brazos como la mujer de mis sueños. Pero esto no dice nada. Esto no explica quién era la persona con quien yo he tenido un romance en mi sueño. Mientras estaba durmiendo, la cama donde me encontraba era real, las sábanas eran claramente unas sábanas: todo tenía una apariencia física. Pero ¿quién era esa que se iba quitando la camisa, incitándome, revelándose a mi deseo? Parecía de carne y hueso y su olor era real. La sentía suave, de piel muy tierna. Ni por un instante dudé de que fuera absolutamente real. En aquel momento, sabía que estaba con alguien. Con otra persona. Sin embargo, no es la que apareció unos minutos más tarde (en otro mundo), la hermosa conocida de mi mundo de día. Entonces, ¿quién es?

Tengo una respuesta para esto: no lo sé.

Pero no la clase de «no lo sé» como «no sé dónde están mis calcetines» o «no sé dónde está realmente Tombuctú». Es un no saber tan profundo que me hace temblar. Es un no lo sé *apasionado*.

Los sueños son para mí tan misteriosos como sus habitantes.

Este no saber tan absoluto se me apareció en un sueño de una manera muy apropiada. Este sueño me ha estado haciendo mella desde entonces, desde que formé parte de él en 1983, cambiando mis actitudes básicas hacia los sueños:

Es por la mañana, estoy con mi hijo David paseando alrededor de mi *alma mater*, la Universidad de Leiden en Holanda. Paseamos a lo largo del canal, el Rapenburg, justo en el recodo que está enfrente de la biblioteca de la antigua universidad. Es un día precioso y estoy encantado de enseñarle a mi hijo «el suelo, testimonio de mis pisadas», nos acercamos a un puente lindante a la Academia, el edificio central lindante con la universidad, construido en el siglo XIII. Señalo las principales características de la ciudad, mientras evoco los buenos momentos que allí pasé. Siento mi juventud muy presente. Mi hijo tiene en este paseo unos nueve años.

De pronto, veo algo en el canal. Acerco la mirada y me doy cuenta de que se trata de una especie de estatua antigua. Se la muestro a David. Nos miramos y, sin vacilar, nos tiramos al canal. El agua no está muy fría. Empiezo a bucear mientras intento sacar la estatua hacia afuera. Es Mercurio, el de los pies alados, cargado con su bastón con las dos serpientes. Su mano izquierda se alza en el aire de la misma manera que alguien llamaría a un taxista en Nueva York. Esta imagen adorna el anillo que siempre llevo en mi mano izquierda. Luchamos por sacar la estatua fuera del agua.

Es un trabajo duro y existe un sentimiento de solemnidad en el hecho de hacerlo, como si excaváramos algo antiguo y sagrado. Con un gran esfuerzo conseguimos ponerla en el muelle. Nos quedamos quietos mirándola. En ese preciso instante, reconozco que estoy soñando. Miro el puente y me doy cuenta de que es totalmente real. Siento el suelo bajo mis pies y sé que es firme. Miro al cielo y observo las nubes. Este mundo es absolutamente real y, sin embargo, sé con seguridad que es un sueño. Ahora David se ha ido. A lo lejos, pero en el mismo lado del Rapenburg donde me encuentro, veo un taxi que se dirige hacia mí. No hay gente en la calle, pero tengo que compartir mi entusiasmo con alguien: sé que estoy soñando y que, sin embargo, este mundo es completamente real. Me lanzo a la calle y paro el taxi. El taxista baja la ventanilla y me mira con un aspecto interrogante en la cara. Le grito: «¡Estoy soñando! Todo esto es un sueño. Tú eres parte de mi sueño».

En un primer momento, el taxista me mira incrédulo. De golpe, parece pensar que debo de ser algún lunático porque la expresión de su cara es una combinación de fastidio y de disgusto. Sube la ventanilla y se va.

Me hubiera gustado reaccionar de la misma manera que el taxista. ¿Ya ti? Si alguien te dijera que tú eres parte de su sueño, ¿pensarías que esa persona está enferma? El taxista vive en lo que yo llamo «sueño». En el momento mismo del soñar, su existencia es tan real para él como lo es para mí ahora.

El hecho de que, cuando despierto, llame a su mundo «sueño», no quiere decir nada para la gente que vive allí. No sabemos si la gente del sueño existe más allá del momento de nuestra presencia en ese mundo, pero una cosa sí está clara: *desde la perspectiva de los habitantes de cada sueño, en particular, la realidad que ellos mismos encuentran es su realidad.*

La gente del sueño, así como el taxista, existe dentro de esta realidad —esta realidad física que los rodea por todas partes— de la misma manera que el «yo» en el sueño vive dentro del mundo del sueño con la imperturbable convicción de que la realidad que lo rodea es, en efecto, totalmente real.

Si los mundos del sueño y todos los que moran en él son reales y completamente desconocidos para nosotros, tienen, pues, que pertenecer al mundo de lo salvaje, a las tierras desconocidas con sus propias leyes, con sus criaturas indomables, fascinantes y atemorizantes. En psicoanálisis llamamos a estos reinos «inconsciente»; lo que, por supuesto, significa «No lo sé» o «No sé de qué estoy hablando».

Es pesado llevar un profundo no-saber. Nos despertamos y tratamos de agarrarnos a *nuestros* sueños. Los domesticamos con interpretaciones. Intentamos convertirlos en animales de compañía, los volvemos relativamente inofensivos, y no como las criaturas salvajes e impredecibles que son en realidad. Les decimos a *nuestros* sueños que ellos son nuestros sueños, que nosotros los hemos creado. Les decimos que son productos fortuitos del cruce de sinapsis o, quizás, creaciones de diosas y dioses. Tratamos de convencerlos de que son metáforas o subtextos de nuestra existencia, que son una mezcla de las experiencias que arrastramos desde nuestra infancia. Los ceñimos en tejidos que pertenecen a la razón, hasta que los convertimos en mariposas inmovilizadas en la reja de nuestro propio conocimiento.

Sin embargo, cada sueño es un acto de genio, una creación del espíritu. Considera lo siguiente:

Un soñador crea un mundo real, entero, con todo lujo de detalles. Cada sueño crea en nuestro interior la convicción de que estamos en la vida de vigilia. Este estado de sueño completamente despierto tiene precisión, tiene detalles, tiene contornos verosímiles algunas veces y otras no, pero siempre suficientemente realistas para hacer que lo creamos tan cierto como lo es en el estado consciente. Compara esto con la obra humana más grande de arte visual que puedas imaginar. Me viene a la mente la Capilla Sixtina en Roma. Cuando miramos al techo, el extraordinario poder del genio de Miguel Ángel nos impone respeto. Sin embargo, ni por un momento imaginamos que si estuviéramos allí, en el techo, podríamos volar en esos cielos; algo que en el más ordinario de los sueños podemos estar convencidos de hacerlo, mientras, por ejemplo, paseamos por el campo en un día soleado.

Mientras soñamos sabemos que cada árbol es real, que cada partícula de aire es real en la profundidad de nuestros pulmones; sabemos que el cielo es luminoso con la luz de la más absoluta realidad. Sabemos que un mundo tridimensional nos rodea por todos los lados: un mundo que no está justo encima de nosotros como en el techo de la Capilla

Sixtina, pero que está *en todas partes*. Este mundo sencillo, creado por el genio del soñar, es más real que la más grande obra de arte humana.

Entonces, ¿quién es el soñador?

Desde el punto de vista del soñar, sabemos que el individuo no «es». El soñador no puede ser la persona que llamamos «yo» en el sueño, ya que podemos observar inmediatamente que el mundo del sueño es de una realidad mucho más amplia que la del «yo». Imagina por un momento que estás soñando. Oyes a una persona que dice lo siguiente: «Todo este universo fue creado por mí».

Como estás durmiendo, estás totalmente convencido de que estás despierto. Aplica tu mentalidad de vigilia a esta frase. Tiene un toque de megalomanía, ¿verdad? Por lo tanto, desde el punto de vista del soñar, el soñador no es el «yo» del sueño.

Puede haber más personas además de «mí» actuando, como el taxista, aparentemente, desde las bases de su propia consciencia. Aparecen como si permanecieran en una posición similar al «yo». Y lo hacen igualmente convencidos de que están despiertos y que existen en un mundo. Si es megalomaníaco asumir que «yo» soy el creador del mundo, esto también es verdad para los otros personajes.

El soñador tiene que ser el creador de los mundos. Este genio –o genios– del soñar crea un mundo tras otro *durante veinte años enteros de nuestra existencia* (si vivimos unos ochenta años), como puede ser deducido de la última investigación en un laboratorio del sueño realizado en Italia. Si la nueva investigación italiana es correcta, soñamos unas seis horas de cada ocho durante la noche. Esta mente –alucinando– es una de las realidades humanas más comunes. Comemos, respiramos, soñamos. El mero hecho de vivir con la compañía constante de este genio del soñar hace los sueños interesantes. ¡Veinte años de existencia humana gastados en pura creatividad!

Sin embargo, ¿quién es el genio del sueño, o quiénes son los genios?: no lo sé. Este no-saber es una pasión; es como un trueno en mi sistema.

¿Es *mío* este genio creativo del sueño?

El genio creó la Universidad de Leiden de mi juventud, el canal de Rapenburg, a mi hijo y al taxista. Y, de la misma manera, el genio me creó a mí paseando a través de mi creación. Soy una partícula en la totalidad de la creación del ensueño. El genio del sueño es mío, del mismo modo en que el mundo es mío. *Mi* mundo, *mi* sueño, *mi* genio creativo del soñar: esto es mío, puesto que yo pertenezco a ello. No me pertenece. Instintivamente diría que es como si el genio –o los genios– me estuvieran soñando.

Pero todo esto es filosofía. Cuando me refiero al soñador, normalmente, estoy en un estado mental ingenuo y uso la palabra para indicar una persona que tiene, o ha tenido, un sueño.

¿Qué pasaría –qué querría decir– si entráramos en los sueños como misterios? ¿Nos haría entendernos menos a nosotros mismos? ¿Nos abriría los abismos que hay bajo nuestros pies, estirando desde debajo la limpia y muy bien asegurada alfombra de la razón?

Cuando empecé a trabajar con sueños, la incomodidad del no-saber se aliviaba un poco por mi ilusión de que existía gente alrededor que sabía lo que los sueños significaban. Gente que, a través de años de entrenamiento, podía decirme todo sobre el soñar. Pero esta ilusión se evaporó. El tapón se fue. Mi incomodidad se agudizó. Mucho más porque, por aquel entonces, la gente me estaba pagando por saber algo sobre sueños. Cada día de trabajo me sentaba a vender el puente de Brooklyn a la gente que no sospechaba nada y que creía que el certificado de mi formación como analista junguiano significaba que yo sabía algo sobre sueños. Al mismo tiempo, sin embargo, me daba cuenta de que cuanto mayor era mi tolerancia en no saber nada sobre ellos, los resultados de mi trabajo eran mucho más profundos. Como un loco ignorante, había tropezado con la incomodidad del soñar entendiéndola como un misterio.

Cuanto más ignorante me volvía respecto del mundo del ensueño, menos protegido estaba de la inmediatez de esta realidad. De esta manera, el ritual del trabajo con sueños me introdujo en los misterios de lo desconocido.

Cuando volví de mi viaje por el desierto, en Adelaida, soñé que tenía que dar una charla sobre los Misterios de Eleusis, unos rituales de iniciación muy difundidos en la antigüedad durante los cuales, los que se iniciaban eran confrontados con los misterios del mundo de los infiernos.

—¿Qué clase de sueños recuerdas? –pregunto a Nganyinytja, una líder de las mujeres pitjantjatjara que había venido a nuestro campamento antes que su marido, Ilyatjari.

Habíamos dejado Alice Springs el día anterior, conduciendo once horas a lo largo de caminos muy pequeños hacia la tierra de los pitjantjatjara. Diana había tramitado los permisos necesarios para mí, para mi esposa y mi hija a fin de poder viajar por la tierra de los aborígenes. Ya habíamos escogido una guía, la cuñada de Nganyinytja, una mujer amable con una sonrisa triunfante y unas piernas de sorprendente delgadez. Había estado en Alice para cuidar a su marido, que se encontraba en el hospital, y viajaba con su nieto, un niño resfriado con unos curiosos mechones rubios alrededor de la cabeza oscura que permanece estirado tranquilamente en el regazo de su abuela mientras nosotros cojeamos a lo largo de los caminos rodeados de arbustos en el viejo y resistente vehículo que hubiera hecho un buen papel en el anuncio de Camel. Ninguno de ellos habla inglés, y como Diana tiene que tener los ojos en la carretera, nos comunicamos por medio de sonrisas y exclamaciones expresivas. Cuando llegamos al campamento es de noche. Desenrollamos nuestros sacos de dormir y las estrellas nos cogen por sorpresa. Nunca había visto tantas anteriormente. Nubes de estrellas con una profundidad infinita: rocíos de presencia luminosa en un universo negro como la brea.

Esta mañana, Nganyinytja ha venido al campamento mientras comemos bocadillos occidentales de mantequilla de cacahuete y se ha sentado cerca del fuego con el cazo de agua hirviendo, a la espera de que le pasemos el té. Diana la ha recibido de la misma manera en que la familia se comunica, ya que había sido adoptada por la familia de Nganyinytja veinte años atrás. Después de las presentaciones hemos estado en silencio durante un rato. Me sentía estúpido por no saber el protocolo en el momento de conocer a uno de mis maestros australianos. En aquel momento, al ver a Christopher, el hijo de seis años de

Diana, Nganyinytja rompió en una sonrisa tan afectiva que enlazó el puente entre nosotros.

Después de una pequeña conversación nos sentimos cómodos, y creo que fue ella quien empezó a hablar sobre sueños, sabiendo que yo había viajado al centro de Australia para despachar sobre ellos.

Después de pensar por un momento sobre mi pregunta, me replicó:

—Otros recuerdan sueños con danzas y con canciones. Éstos son sueños que otros recuerdan. Ahora no sueño.

Al principio me deja desconcertado con su distinción entre sueños recordados y sueños olvidados. ¿Por qué su gente recordaba sólo sueños que contienen danzas y canciones? Me sonaba un tanto arbitrario. Ante mi silencio, ella habla en pitjantjatjara con Diana.

—Su marido vio una vez una danza nueva y la enseñó a su gente –me traduce Diana.

Nganyinytja está otra vez subrayando la importancia de la danza y las canciones en los sueños y, de pronto, me doy cuenta de cuán intensamente culturales son nuestras respectivas nociones sobre los sueños. Ella cree que un sueño es para su gente y no para ella personalmente. Nos explica un sueño que tuvo una vez:

—Estamos bailando en un círculo. Invitamos a toda clase de gente a que se nos una. El círculo se va ampliando.

Inmediatamente recuerdo todo el trabajo que Nganyinytja ha hecho para ampliar la comprensión de la cultura aborigen. Ha invitado a otra gente a su tierra para hablar sobre temas que todos tenemos en común: la naturaleza y la tierra. Ha luchado contra la poca predisposición de su pueblo a compartir sus tradiciones con los europeos (nombre que utilizan cuando se refieren a la población blanca). Ella es una de las más destacadas defensoras de la comunidad aborigen en invitar a extranjeros a su círculo de comprensión.

Después de explicarme el sueño, le hago una observación sobre cómo los sueños parecen reflejar su esfuerzo diario por ampliar el círculo de entendimiento de la tierra.

Nganyinytja se queda blanca. Durante unos cinco minutos, Diana intenta explicar la idea de que el sueño pueda referirse a su vida privada. Hacia el final, Nganyinytja contesta con un indiferente «quizás».

Esto fue lo más lejos que llegamos. Para ella es obvio que el sueño pertenece al pueblo y excluye la idea de que pueda tener una relevancia personal. No intento utilizar todo mi bagaje de trucos junguianos en tanto a que el sueño también podría referirse a un creciente sentido de sí misma y a su completitud a partir de esa expansión del círculo... De todas maneras, ¿qué importa? Mi interpretación no añadiría nada al valor que el sueño tiene para ella. Aparentemente, lo que tiene valor en su mundo –como la tierra, por ejemplo– pertenece a la comunidad. Los sueños son como la tierra: para ella, la tierra existe en relación con la gente, mientras que para nosotros la tierra pertenece a los individuos.

Así, para ella, los sueños dignos de recordar son los que tienen un valor colectivo, mientras nosotros vamos buscando nuestra propia referencia individual en los nuestros. De todas formas, ambos coincidimos en que los sueños tienen un valor *especial*.

Silencio otra vez. Las antiguas montañas rojas dan a nuestro campamento. El pequeño Christopher conduce su pequeña bicicleta llena de barro por la arena. Mi hija en edad universitaria aún está durmiendo. Me alegro cuando me piden que vaya a buscar agua del gran contenedor de plástico que ha sido conducido hasta aquí para proveernos de té, café y agua para lavar los platos. Algunos perros sarnosos lamen el agua que se derrama antes de que desaparezca en la arena oxidada. Mi mujer, Deanne, está sentada alrededor del fuego hablando con Diana y Nganyinytja. Recuerdo pinturas aborígenes con sus figuras en forma de U rodeadas de líneas de círculos, que significan mujeres alrededor del fuego.

En este momento, Ilyatjari entra en el campamento envuelto en una nube de polvo. En cuanto sale del coche, instintivamente yo me inclino hacia él a la japonesa, tal vez porque verdaderamente es la única cultura extranjera con la que estoy familiarizado. Me mira durante unos momentos, se gira hacia Diana y le dice gritando algo en pitjantjatjara. Se ríen. Me río abiertamente y me doy cuenta que tengo la olla en la mano.

Luego lo ayudo a descargar y a apilar la leña del camión. Me escabullo para lavar los platos en los cubos de plástico que Diana ha llenado con agua caliente. Me alegro de sentir mis manos ocupadas en actividades relativamente familiares.

Diana lo coloca todo en cajas y cambia de sombrero, de consejera de campamento a antropóloga/intérprete. Es, entonces, cuando mantenemos la conversación sobre el vuelo del águila de Ilyatjari.

Ilyatjari se ha ido a hacer recados. Nganyinytja y su cuñada se quedan. No sé si puedo continuar haciendo preguntas, pero estoy muy impaciente por escuchar algo acerca de la comunicación a través de los arbustos, la comunicación que los aborígenes tienen entre ellos, lo que a nosotros, los occidentales, con todo nuestro conocimiento superior, nos resulta imposible. La primera vez que oí hablar de ello fue al doctor David Tacey, un destacado y respetado profesor de Melbourne nacido en Alice Springs que creció con los aborígenes. Me explicó que, una vez, se tomó un año libre de sus ocupaciones académicas para conocer el mundo real. Decidió recoger naranjas como modo de vida y trabajar codo con codo con el pueblo aborigen. Muchos de ellos habían perdido completamente el contacto con su pasado tribal, viviendo en la periferia de las grandes ciudades australianas, cortando así sus conexiones ancestrales.

Uno de estos hombres estaba recogiendo naranjas junto a David. Súbitamente se giró hacia él y le dijo:

—Mi madre ha muerto. Lo supe cuando recogí esta naranja.

El hombre dejó el trabajo en ese mismo instante y viajó más de mil kilómetros hacia el norte para llegar justo a tiempo para el funeral de su madre. Ella no había estado enferma.

Sin el más leve motivo para dudar de la historia de David, apunté hacia el misterio y me sentí mucha curiosidad sobre este extraño telégrafo de los arbustos. En mi trabajo, a menudo sé cosas que se supone no tendría que saber, una facultad receptiva que trato de cultivar.

Trabajar con sueños genera una intimidad que llega hasta el punto de la simbiosis. A veces, en esta clase de relación tan cercana en la que se crea una gran cantidad de actividad inconsciente –como el trabajo con sueños hace inevitablemente–, la comunicación parece no ser mediatizada por los sentidos, como lo es en el caso de la palabra o de la observación de los gestos.

Se presenta como una experiencia directa e *inmediata de otro estado mental*. A este extraordinario modo de comunicación lo he denominado *comunicación simbiótica*. Como este tipo de comunicación es tan a menudo sorprendente, y proporciona unos resultados muy profundos en el trabajo con sueños, trato de entenderlo mejor. En el interior de los poblados, percibo que el pueblo aborigen puede proporcionarme algunos paralelismos con mis propias experiencias.

Recuerdo que en Sidney, mientras daba un curso práctico de sueños, conocí a una mujer que me comentó que, una vez, obtuvo una beca para hacer teatro con los aborígenes. Había recorrido toda Australia sin saber muchas veces cuál sería el siguiente sitio donde iría a parar, regularmente encontraba gente esperándola en los caminos que sabían de su llegada. No había teléfonos ni viajeros que la precediesen dando noticias suyas. Ella no había anticipado su propia llegada a esos lugares, normalmente ella misma era su propia guía de viaje, entonces, ¿cómo lo sabían? Después de algunos meses tomó este comportamiento, esta manera de hacer de los aborígenes como algo normal. Dio por sentado este comportamiento.

Esta participante en los talleres de sueños no había inventado la historia para hacerse la interesante. Su desconcierto era genuino y profundo, incluso lo había empezado a aceptar como una realidad cotidiana. Otro misterio.

Dejando a un lado mis dilemas sobre el protocolo de la gente de los arbustos, de los australianos, le pregunto a Nganyinytja a quemarropa sobre este telégrafo. Ella no se sorprende ante mi pregunta y empieza a explicarnos cómo funciona.

—Si tengo alguna sacudida o picazón en la nariz, sé que está a punto de llegar un extraño –me dice de una manera natural. Su cuñada asiente repitiendo la frase. Nganyinytja continúa como si estuviera explicando alguna clase de gramática–: Cuando siento algo en la cadera sé que ha pasado algo que tiene que ver con mi esposo. Si ocurre algo que tiene que ver con mi tía o mi hermana, lo siento en la parte superior del brazo. Mis muslos tienen que ver con mi hijo o con mi tío.

Su cuñada se golpea suavemente las partes del cuerpo que Nganyinytja va mencionando.

—¿Esto les ocurre a todos los pitjantjatjara? –pregunto sorprendido por su descripción tan normal. Las dos mueven la cabeza afirmativamente. Es una verdad para todos. Parece ser un sistema de comunicación en el que todos están de acuerdo. Es la primera vez que oigo hablar de una gramática sistemática, colectiva y física de percepción extrasensorial.

Me explican que esto sólo parece funcionar para la familia más cercana. Si algo mayor, por ejemplo, un accidente, le ocurre a un miembro de la familia, lo saben a través de esta gramática telepática básica. A modo de intercambio les ofrezco una historia de mi propia familia.

Cuando mi sobrina era pequeña, mi hermano observó que, en el momento en el que mi cuñada se quedaba dormida, su bebé, al otro lado de la casa, empezaba a llorar al cabo de unos quince segundos. Mi hermano es un abogado bastante sensato, por lo tanto, observaba con mucha atención. Me decía que cuando estaban en la cama, cada vez que la cabeza de su esposa se inclinaba sobre el libro que estuviera leyendo, él empezaba a contar. Durante algunos meses, esta duración de tiempo, alrededor de unos quince segundos, nunca varió.

Las dos mujeres, incluso perteneciendo a otra civilización, saben a lo que me refiero.

Recuerdo un estudio hecho en el que aún era otro mundo, la Unión Soviética de 1967, en la que se observaba que «los momentos telepáticos se daban más a menudo entre miembros de la misma familia, enamorados y amigos de infancia.[1]

El doctor Pavel Naumov, quien dirigía unos estudios en una clínica ginecológica de Moscú, ha declarado que «los lazos biológicos entre madre e hijo son incontestables. En la clínica, las madres están en una

---

1. Shiela Ostrander y Lynn Schroeder; *Psychic Discoveries Behind the Iron Curtain.* Nueva York; Bantam, 1970; p. 33.

sección lejana, separadas de sus bebés. Posiblemente ni los oyen. Sin embargo, cuando su bebé llora, la madre exhibe nerviosismo. O cuando un niño sufre dolor, por ejemplo, cuando el médico les saca sangre para analizar, la madre muestra signos de ansiedad. No existe ninguna posibilidad de que ella sepa que en ese momento el médico está con su hijo. Este canal de dos direcciones es aparentemente la marca de esta innata y telepática conexión. Una madre tiene un dolor agudo. El bebé lo siente y llora. Encontramos comunicación en un 65 % de nuestros casos», concluye el doctor Naumov.[2]

En una entrevista que había dirigido justo antes de mi llegada a Australia, un respetado y anciano nativo de Hawái y digno de toda confianza, el profesor Abraham Piianaia, fundador del Programa de Estudios Hawaianos de la Universidad de Hawái, me dijo –sin ninguna clase de extrañeza– que un día, cuando era pequeño y estaba paseando con su abuela, ella empezó a mirar hacia lo alto, hacia una formación de nubes, y dijo que uno de sus parientes cercanos había muerto. Y así era. En los días siguientes, las noticias que venían de otras islas decían que este pariente, que no había estado enfermo, había fallecido alrededor del mismo momento en que su abuela había visto la nube.

La más completa descripción de esta misteriosa forma de comunicación procede de uno de los más grandes exploradores del siglo xx, Loren McIntyre, que justo después de las 3 de la tarde del 15 de octubre de 1971 descubrió la fuente del río Amazonas. Esta proeza fue mucho más ardua que la de la gran expedición del siglo anterior al origen del Nilo. Universalmente se pensaba que el Nilo era el río más largo del mundo, hasta que el descubrimiento de McIntyre dio la primacía al Amazonas: cuando se mide por el canal sur del delta, el río Amazonas es el más largo del mundo, un fortuito cambio de foco de uno de los más grandes y salvajes fenómenos naturales. Las credenciales de McIntyre han sido criticadas en algunas ocasiones, pero, en cambio, su honestidad siempre ha sido reconocida.

---

2. Ibíd., p. 32.

Su historia es fielmente recogida por Petru Popescu en el reconocido *Amazon beaming*, un libro que este autor escribió con McIntyre. En la cubierta de la obra leemos: «Al iniciar el contacto con una tribu de Mayoruna, el evasivo pueblo del lago Amazonas, McIntyre fue secuestrado por la tribu e introducido profundamente en su cultura antigua y misteriosa. Se encontró a sí mismo comunicando telepáticamente con el gran chamán…

Este gran chamán le comunicó «pensamientos» complicados a McIntyre transmitiéndole sus planes dramáticos para el futuro de su tribu. Sólo más tarde, McIntyre tuvo acceso a un traductor que hablara tan bien el portugués como el Matse, la lengua mayoruna, virtualmente desconocida fuera del ámbito de su tribu. A estas radiaciones, como a McIntyre le gustaba llamar a las comunicaciones, le siguieron algunas discusiones verbales, que confirmaron exactamente el contenido de los mensajes que habían sido transmitidos, no verbalmente, del chamán al explorador.

Después de domesticar su incrédula y despectiva mente occidental y científica, McIntyre preguntó a su intérprete sobre esta transmisión tan misteriosa.

—Se le llama el «viejo lenguaje» –le dijo simplemente–. Los grandes chamanes lo transmiten sólo mediante la línea familiar. El traductor únicamente lo conoce, pero no puede hacerlo por sí mismo. Sólo el gran chamán puede.

Por ahora estoy muy entusiasmado y quiero expresar mis propias experiencias con la comunicación simbiótica en el trabajo con sueños.

Deseo hablar con ellos sobre los sentimientos que he experimentado, mientras trabajo en los sueños de otros, que no eran sólo míos. Ya que, a menudo, representan una atmósfera que el soñador también está experimentando.

Algunos ánimos parecen, objetivamente, presentes, en la habitación. Los ánimos parecen ser como un *ambiente*, de la misma manera que ocurre en los sueños.

Por ejemplo, un sueño que se experimenta con miedo probablemente contenga una *atmósfera* de espanto. Cuando un sueño así penetra mientras estamos trabajando, esta atmósfera puede ser experimentada directamente por el trabajador de sueños como algo temible. Así, considero mis propios sentimientos y sensaciones, mientras voy oyendo el sueño, tanto respuesta personal como también barómetro de mi «clima» psicológico. El soñador, al tomarme a mí en su paisaje onírico, me expone a su ambiente. Mis sentimientos más internos podrían ser, posiblemente, su tiempo en mi sistema. Cuando la consciencia despierta se dirige a un estado de flotación cercano al mundo onírico, se experimenta esta clase de fusión emocional. Y entiendo que los individuos son no únicamente partículas, sino también campos emocionales que pueden ser recibidos por otros de la misma manera que una radio recibe las ondas, o como la piel del camaleón que se transforma en los colores del ambiente. Esta receptividad perturbará probablemente nuestro propio estado, ya que es posible percibir las emociones de los otros observando nuestras perturbaciones interiores. Una gran parte de mi trabajo educativo consiste en entrenarme a mí y a los demás para afinar esta facultad perceptiva. A veces, me siento como un camaleón estudiando cuidadosamente su propia piel.

Interactuar con la materia mediante la propia observación en un estado de simbiosis con la materia misma constituye un viejo arte en la historia de la consciencia Occidental: la alquimia. No fue solamente una precursora de la ciencia, era también una contrafuerza a la expansión —que aún sigue funcionando— de la observación objetiva que conduce a la absoluta hegemonía de la ciencia. En el antiguo arte de la alquimia, la materia procesada, el alquimista trabajando y la imaginación creadora que los conecta forman un *médium* fluido.

Mediante la propia observación, el *alquimista participaba* en el misterio de su materia; el alquimista es el médium con el que la materia se representa a sí misma.

Mientras trabaja el plomo, por ejemplo, experimenta lo oscuro, la pesada tenebrosidad conocida como melancolía. Este estado de ánimo se cree que más bien pertenece al pesado mundo del plomo en el que se está trabajando que, necesariamente, al resultado físico del plomo que envenena. De la misma manera, en el trabajo con sueños, las emociones presentes en la materia onírica pueden emerger en la propia experiencia del trabajador de sueños.

Por la vía de la gramática colectiva de la física y la percepción extrasensorial de los pitjantjatjara, he obtenido gracias a Nganyinytja y a su cuñada un primer ejemplo de nuestra capacidad humana para participar inmediatamente en la experiencia de los otros. Me muero por preguntar más. Pero, ya que Ilyatjari no está por aquí en estos momentos, decido esperar.

3

ENTRE EL DORMIR Y EL DESPERTAR

Mi mujer y mi hija se han ido a dar un paseo. Yo estoy escribiendo notas para mí en mi ordenador portátil, deseando que las baterías resistan. He tenido muchos pensamientos sobre mi trabajo fácilmente desenmarañados en la quietud de nuestro campamento. La débil luz gris de mi pantalla me aparta del paisaje rojo y salvaje.

Lo que sigue es una reconstrucción de mi pensamiento basada en breves alusiones que escribí en una pantalla con una luz muy baja para salvar una electricidad preciosa: pensamientos sobre cambios que un trabajador de sueños hace cuando confronta el material del sueño.

Como un carpintero que no sabe demasiado sobre la microbiología de los árboles que van creciendo, nos acercamos al oficio del sueño con la noción de que los sueños —incluso el más elemental de los retazos— son organismos vivos completamente formados que se encuentran en la naturaleza. Este organismo de origen misterioso, nosotros lo usamos como material para nuestro trabajo. No sabemos cómo se forman, sólo sabemos que existen. Aunque hayamos identificado algunos procesos cerebrales relacionados con el hecho de soñar, esto sólo sería como si, al explicar la tecnología digital que reproduce la música en mi disco compacto, quisiéramos explicar la música en sí misma.

La primera herramienta de un trabajador de sueños es la memoria. Ningún sueño puede ser trabajado si no se lo recuerda convenientemente.

Yo diferencio entre dos clases de sueños: los sueños frescos y los sueños pasados. Un sueño fresco es aquel que se puede recordar como un evento real que ocurrió en nuestra vida onírica; un sueño pasado es una narrativa sobre sucesos sin ninguna memoria sensorial. Por ejemplo, un sueño en el que oigo llamar a la puerta y una voz que grita: «¡Déjanos entrar!» aún está fresco cuando puedo recordar el sonido del golpear de la puerta, o del grito, o la sensación en mi corazón y en mi estómago, o la intensidad de la duda en mi mente sobre si tengo que abrir la puerta y dejarlos entrar o no. Si sólo recuerdo eso, esto ocurrió, pero también considero este sueño como un sueño pasado. La frescura se evapora rápidamente, algunas veces al instante. Muchos sueños pierden su frescura al cabo de algunos días, aunque otros permanecen frescos por años, incluso por décadas. Sólo unos cuantos aparentan ser pasado, como si estuvieran jugando a fingir que están dormidos, pero cuando los miras de cerca, continúan su vida como organismos.

Esta diferencia de recuerdos tiene implicaciones directas para el trabajo con los sueños. A partir de ahora veremos cómo se trabaja con material vivo: sueños frescos.

Las dos premisas básicas con las que empiezo son: primero, que *no tenemos absolutamente ninguna idea sobre de «qué está hecha la materia del sueño»*; y, segundo, que *mientras soñamos, los sueños son experimentados comúnmente como acontecimientos totalmente reales de la vida despierta* por todos los soñadores de todo el mundo. Yo, personalmente, he presenciado numerosos ejemplos de esta regla transcultural mientras trabajaba con sueños en Europa, América, Asia y Australia. Por lo tanto, todo lo que podemos hacer es tomar el sueño en sus propios términos y únicamente observar los fenómenos presentados por la realidad onírica.

La mayoría de las perspectivas que hemos usado desde que empezó el trabajo con sueños contemporáneo en Occidente en el año 1900 con *La interpretación de los sueños* de Freud, han sido siempre desde puntos de vista externos. Incluso C. G. Jung, que vio los sueños como reales, como una realidad del alma, explica los sueños desde el punto de vista de la consciencia despierta. Tanto si vemos los sueños como una realización de los deseos, representaciones de arquetipos o subpersonalidades, metáforas, símbolos o como un galimatías sin significado de una descarga al azar del ordenador, estamos juzgando el sueño desde un punto de vista posterior al despertar. Incluso una de las creencias más aplaudidas entre todos los que trabajan con sueños, que los sueños tienen significado, es una perspectiva externa. En su viejo tratado *La vida Pitagórica*, Jámblico escribe sobre el gran filósofo griego: «Cuando alguien preguntó al mismísimo Pitágoras qué significaba haber soñado con su padre, después de un largo tiempo de haber muerto, Pitágoras replicó: "Nada, ni tampoco significa nada que tú estés hablando conmigo ahora"».

Aunque las perspectivas externas son pertinentes, difieren mucho de la experiencia que tenemos mientras dormimos. Cuando duermo sé que estoy completamente despierto, oigo el golpe en mi puerta y el requerimiento insistente de las voces queriendo entrar; no lo experimento como una parte desconocida de mí que desea hacerse consciente o algo por el estilo. Sé que *alguien* quiere entrar. Una *persona real* con una fuerte voz masculina.

Sé que tengo miedo. Puedo sentir los latidos de mi corazón en el estómago. Experimento acidez. Sé que respiro rápidamente. Siento que existe el peligro. Me preocupa que los otros puedan despertarse. No sé qué pasará si abro la puerta. Empecemos con el hecho de que alguien está armando todo este alboroto en mi puerta. Este alguien, esta persona real, afuera, es consciente del hecho de querer entrar. Mis consideraciones sobre si tengo que dejarle entrar son tan reales como su insistencia en que le abra la puerta. Mientras estoy soñando, resulta obvio que no soy el único con consciencia. Esto nos lleva a la conclusión de que, *mientras soñamos, hay varios y simultáneos portadores de consciencia*, aunque los acontecimientos son normalmente experimentados desde el punto de vista de uno solo de ellos.

Puesto que la totalidad de los sucesos del sueño consiste en varios y simultáneos puntos de vista, es importante explorar el potencial de experimentar la memoria del sueño no sólo desde el punto de vista de alguien a quien nos referiremos como «yo», sino también, si es posible, desde las perspectivas de los otros «álguienes». Si puedo experimentar el sueño desde el punto de vista del que golpea mi puerta, obtengo una experiencia más amplia de todo el sueño que cuando observo sólo «mis» propios sentimientos. Es como si la consciencia del sueño emitiera en diferentes longitudes de ondas simultáneamente. En la onda del taxista de Leiden, la atmósfera del sueño era la de una confrontación sostenida con una insanidad obvia; en la frecuencia de Robbie Bosnak, esta atmósfera es puro regocijo. Ambas atmósferas pertenecen al sueño. Uno de los propósitos del trabajo con sueños es experimentar lo que ocurre en el sueño mediante el máximo de facetas posible.

La experiencia de las tan diferentes –y a menudo conflictivas– emociones del sueño pone los sentimientos del soñador bajo una presión que se transforma en una respuesta visceral muy aguda. Este darse cuenta de una manera física y tan marcada se puede convertir en un catalizador que acelere el proceso de transformación psicológica que está activo permanentemente en lo profundo del alma humana.

Para llegar a esta vía visceral de experimentación es esencial que cada emoción pueda sentirse mediante una sensación física que la acompañe. En el sueño del que quiere entrar, tengo que sentir el miedo de Robbie en la habitación, en lo profundo de mi vientre y la insistencia en querer entrar, en el poder del puño golpeando la puerta. Cuando los siento a los dos, el vientre y el puño simultáneamente, puedo experimentar físicamente el músculo del poder de lo desconocido y el miedo de todo aquello que es incomprensible para mí. El hecho de encogerme en mi sistema es la respuesta física al choque de estas fuerzas. Es una manera de darse cuenta directa y físicamente.

Experimentamos el sueño desde el punto de vista de alguien más que pertenece al mismo sueño mediante un proceso de identificación con esta persona. Sin embargo, la identificación es un proceso involuntario, inconsciente, que no puede ser dirigido por el ego. Mediante la fuerza de la voluntad puedo sentir empatía por otro, imaginar qué está sintiendo este otro, ponerme a mí mismo en los zapatos de otro, pero una total identificación no puede brotar conscientemente. La identificación es algo que me pasa. De todas formas, es posible crear condiciones bajo las cuales la identificación pueda darse.

La identificación puede aparecer a partir de una cuidadosa observación, a partir de la empatía y al sentirse uno mismo en la postura del cuerpo o del movimiento de otro combinado con una actitud de espera, sin hacer que ocurra nada.

Este proceso que nos lleva a la identificación con la otra persona de nuestro sueño es necesariamente lento. Si pretendemos que se haga de una manera rápida, lo que normalmente encontraremos será una proyección en otro personaje del sueño. La proyección –entendida como un proceso inconsciente de ver elementos de uno mismo en otra persona, convencidos de que realmente pertenecen al otro– no ocurre solamente en la vida mientras estamos despiertos. También sucede en los sueños. La proyección carga con un espejo invisible para uno mismo y nos previene de experimentar verdaderamente la presencia del otro.

Permitidme dar un ejemplo que incluye a todos estos elementos del proceso de identificación y lo diferencia de la proyección de elementos que pertenecen a uno mismo en el sueño de otra persona.

Una mujer sueña que enseña una fotografía de su familia a un hombre que acaba de conocer. El suceso ocurre en un bar.

En mi despacho de Cambridge, las luces permanecen bajas y los miembros del grupo de sueños están muy concentrados. En nuestro trabajo, la soñadora –ella misma es una experimentada trabajadora de sueños– primeramente vuelve a las sensaciones del principio, a recuperar la sensación del taburete del bar y recuerda la calidad de la luz. Mientras lo hace, se empieza a dar cuenta del hombre que está sentado a su lado llevando la fotografía. Está segura de que él la desaprueba. Tiene la impresión de que él es más bien arrogante, como si la mirara desde arriba. Ella se siente pequeña y vulnerable. Permanece en este sentimiento durante un rato con el propósito de experimentarlo. Más tarde probáremos que este sentimiento resultó ser una proyección de sí misma en ese hombre como resultado del hecho que ella se siente atraída hacia él y de la convicción de que, posiblemente, no gusta a los hombres por los cuales se siente atraída. Esta proyección en los hombres refuerza constantemente la rutina en la que se encuentra en relación con el sexo opuesto.

Ahora ella vuelve al momento en que le muestra la fotografía. Reconoce, cuenta, el murmullo de voces en el bar, pero en el momento en que le da la fotografía, ella lo siente como algo muy privado. Recuerda vagamente quiénes aparecen en la fotografía: miembros de su familia de origen. La foto en sí misma es mucho menos clara para ella que el débil temblor en su mano cuando se la entrega a él. El temblor tiene que ver con su interacción con el hombre, no con la familia que allí aparece.

Ella continúa observando su mano. El hombre ha tomado la fotografía con su mano izquierda y la sujeta junto con ella. En este momento ella, enfoca más de cerca la imagen con un movimiento lento, casi hasta el punto de congelarla: siente sus dedos y observa de qué manera está sosteniendo él la punta de la fotografía. Sus dedos son suaves. Él sostiene la fotografía con mucho cuidado. Ella trata de penetrar en la sensación de los dedos, notando la manera tan suave con que él toca la fotografía. Sus dedos apenas se mueven en comparación con el temblor de sus manos. Se detiene en este momento sintiendo con qué facilidad él está tocando la fotografía. Ella no trata de imaginar qué puede estar sintiendo el hombre, porque, en tal caso, sólo experimentaría los sentimientos que *ella tiene* sobre el hombre. En lugar de esto, aguarda en la imagen con una cuidadosa observación.

Ahora se da cuenta de que su familia está en las montañas. Era una época feliz. Casi puede ver a todo el mundo sonriendo. Pero ella permanece concentrada en su mano, centrada especialmente en sus dedos pulgar e índice. Su observación se va precisando cada vez más. Necesita de toda su concentración para impedir que la imagen se mueva. El grupo ayuda a mantenerla enfocada haciéndole preguntas muy detalladas. Esto ayuda a resistir el impulso natural de la imaginación de precipitarse. Esta contención promueve un sentimiento de nadar contra la corriente.

Entonces, espontánea y repentinamente, es capaz de sentir la mano de él desde su interior. Ha aparecido un *tránsito:* ahora está identificada con la mano que estaba observando. Entiendo por tránsito un cambio *espontáneo* de ubicación de la conciencia desde el interior del sueño de una persona al interior de otro.

En este caso, el tránsito tuvo lugar entre ella y el hombre. Ahora ella percibe su interior del mismo modo que un actor siente un personaje que está describiendo desde dentro. Se convierte en una médium. El personaje le da forma a ella. Alguna otra esencia la posee, mientras ella se da cuenta de que es la esencia de otro que es ella misma. El sentimiento interno que ella siente continúa siendo de él. Es la mano de él y no la de ella; no se convierte en la suya. El sentido de otredad permanece con cuidado, aunque, al mismo tiempo, ella experimenta la mano desde su interior.

Su mano se siente firme. Sostiene la fotografía con cuidado. Ella puede sentir su hombro a partir del brazo de él, está más o menos relajado. El cuidado con el que sostiene la fotografía se puede observar mediante la totalidad de su cuerpo. Él tiene cuidado respecto de la fotografía. El encuentro parece importante para él, aunque no de una manera romántica como quizás ella esperaba. Él siente curiosidad por ella como persona, pero, al mismo tiempo, mantiene una distancia autoimpuesta. No quiere acercarse a esta mujer por el momento, aunque siente afecto y disfruta del momento. Todos sus sentimientos parecen espontáneos y el soñador los vive con un destello de autenticidad. No parece que ella se los estuviera inventando. Está observando sensaciones que han estado presentes durante todo el rato, pero alejadas de su conciencia. Ella puede sentir su cuerpo relajado, aunque también reconoce ahora una ligera tensión en el hombro de él cuando vuelve a mantener cierta distancia.

Este sentimiento no le es familiar a la soñadora —este cuidar con distancia—, pero, no obstante, es un afecto verdadero. Ella recuerda la arrogancia que, anteriormente, había proyectado en él. Ahora, desde la perspectiva del interior de él, no parece arrogancia, sino un ligero sentido de cuidar un espacio intermedio. Esta distancia no es una reacción hacia ella personalmente: es el modo que tiene él de relacionarse con la gente.

Sin perder al personaje que va observando simultáneamente, la soñadora está ahora identificada con el hombre en el taburete del bar. Ella siente como él ha sido herido en el pasado y quiere ir con cuidado con las mujeres.

Él no quiere alentar a la mujer que le está dando la fotografía, tampoco quiere que se vaya. Él piensa que ella es muy intensa. Esto no le hace irse, pero desea que se proteja. Incluso piensa que este bar no es un sitio muy íntimo. Él se da mucha más cuenta que la mujer de la gente que hay alrededor.

La atención de la soñadora permanece flotando en el interior del cuerpo del hombre. La identificación se rompe y se encuentra de vuelta en la sala de Cambridge, a media luz. Los miembros del grupo de sueños abren los ojos en el mismo momento que lo hace la soñadora.

Al experimentar esta realidad masculina desde dentro, quizás ya no vuelva a sentirse tímida ante los hombres, esperando un rechazo instantáneo por su parte. Al mismo tiempo, le es factible entender que esa actitud –tanto en ellos como en ella misma– es la que ella interpreta como arrogante. En realidad, es una clase de interacción entre los humanos con la que ella, en su anhelo de intensidad, no se ha familiarizado: un frío, débil y distante modo de cariño verdadero. Al irse familiarizando con esta forma de comunicación con el mundo, su vida podría cambiar profundamente.

Para practicar el trabajo con sueños, la consciencia ha de permanecer en el aire justo antes del momento de dormir. Esta manera de estar presente en la frontera del dormir puede ser llamada *consciencia liminal.* Se trata de un estar consciente entre el estar despierto y el estar dormido.

Una manera de entrar en este estado liminal puede ser mediante una reentrada en la memoria real que el sueño ha dejado atrás, de la misma manera que entramos en el mundo del sueño en sí mismo: como una entrada en un espacio real, que contiene una vida activa, un espacio con objetos, con límites y formas, con criaturas vivas, animadas. Traemos el mundo de los sueños a la vida de vigilia al recordar cualquier cosa que podamos evocar del sueño. Cerramos los ojos y enfocamos nuestra atención en cualquier elemento del sueño que podamos recordar –incluso si todo lo que recordamos es muy poco, eso ya es precioso–. Entonces esperamos una imagen, tratando de prevenir que la memoria revolotee como una mariposa. (Desde Aristóteles, la palabra griega *psyche*, «alma», también significa mariposa). Para nuestra sorpresa, nos encontramos que el acto de recordar engendra, poco a poco, un creciente y detallado recuerdo. Un objeto va empujando la memoria de otro. Nos concentramos en detalles del espacio donde estaba el sueño y descubrimos la niebla que produce formas. Estos nuevos recuerdos se van presentando espontáneamente, como si hubieran sido creados por el mundo del ensueño que ahora nos rodea por todas partes. Soñamos como en los sueños, pero permaneciendo despiertos. A veces, este recuerdo detallado puede no formar parte de un sueño real. No obstante, constituye un producto de su atmósfera.

Una de las últimas cosas recordadas que permanecen después de que un sueño haya huido de la memoria es una atmósfera, un estado de ánimo. A menudo sin forma, porque lo concreto se ha disuelto en el olvido. Incluso si esto es lo único que se recuerda, es posible trabajar en el sueño, concentrándonos en las sensaciones corporales causadas por el humor que el sueño ha dejado tras de sí. Estas sensaciones físicas crearán a su vez imágenes; no necesariamente las imágenes del sueño que fueron creadas por ese humor, sino imágenes nuevas que le convienen a la atmósfera de este soñar previo.

La atmósfera de un sueño es *atmósfera* en todos los sentidos de la palabra: el ambiente de un paisaje de ensueño, la presión atmosférica del interior del sueño y el medio en el que todos los seres vivientes del sueño existen.

Al despertarnos, a menudo, sentimos una repentina descompresión, como en el tan conocido suspiro: «¡Gracias, Dios mío, es sólo un sueño!». Estábamos en el mismísimo infierno y ahora estamos en nuestro lecho marital, seguros… o como si lo estuviéramos. En el infierno, uno está bajo una considerable presión más alta que en la llamada seguridad de la propia cama. Perseguidos por fuerzas siniestras, escapamos de grandes peligros y, de repente, la cama es deliciosamente cálida.

O quizás acabamos de tener un encuentro amoroso, y ahora la cama permanece fría y vacía. El amor cálido se siente de manera diferente que la fría soledad. Éstas son dos atmósferas diferentes, dos formas de clima emocional. Se experimentan como súbitos cambios de humor mientras nos vamos despertando.

Al entrar más profundamente en los detalles del recuerdo, la atmósfera del sueño vuelve a aparecer. Al poner más atención en nuestras sensaciones físicas, podemos meternos más profundamente en el clima generado por las emociones. Nuestra conciencia despierta está ahora fundida con el estado de ensueño. En mi sueño con la mujer-que-no-me-es-conocida-en-nuestra-cocina que al desprenderse de su camisa en nuestras caricias amorosas me hizo estremecer de placer sentí visceralmente el humor desde el punto de vista del sueño mismo. Al volver a la calidez de las sábanas y a la fragancia que ella había dejado detrás, puedo volver a alcanzar el estado de estremecimiento de hace unos instantes. La atmósfera de mi deseo se vuelve a despertar: «¡Quiero estar contigo!».

Ahora, cuando el ambiente del sueño reaparece, tratamos de efectuar un tránsito, un movimiento crucial en el trabajo con sueños. Llegados a este punto, empezamos a observar intensamente a la otra persona en el sueño: por ejemplo, esta mujer-que-no-me-es-conocida.

Primero me siento profundamente en mi cuerpo del sueño. Después, empiezo a observar y a notar cuán fácilmente puede ser distraída mi atención. De pronto las dos ventanas, que están detrás de la mujer, aparecen claramente. La luz es de un azul pálido, como en el comienzo de la primavera o hacia finales de invierno. Suave. Entonces la veo. Es joven. Su cuerpo se va moviendo mientras se va sacando la camisa por la cabeza. Siento un dolor en el corazón. Me concentro en esa región y en ese dolor: un dolor por su juventud y, quizás, por el anhelo de poseerla. Veo sus pechos, de mayor tamaño que los de mi conocida, y me fijo en sus pezones rojos. Estoy totalmente sumergido, identificado con el ego del sueño. Ahora quiero efectuar un tránsito, para identificarme con el «otro» del sueño. Observo su movimiento, el abandono con el que se deshace de su camisa, la alegría de vivir y el amor de sus movimientos. Su pecho al estirarse se va haciendo más expansivo en el placer de sentir todo su cuerpo. Arquea hacia atrás el tórax y toda su elasticidad se manifiesta en sus senos; puedo notar su sensación de completo abandono, mientras se va quitando las últimas capas que cubren su sensualidad.

Espero mientras estoy observando esto. Mientras espero, concentro mi atención en ella. Entonces, súbitamente, el tránsito aparece. Su estado de ánimo es muy diferente al del sueño mismo. *El sueño mismo quiere poseerla, por cuanto que ella está poseída de sí misma.*

Las dos atmósferas, mi anhelo y su alegría por estar físicamente viva, pertenecen a este sueño de la mujer-que-no-me-es-conocida. Ambas tienen que ser sentidas para conocer el sueño otra vez: conocer en el sentido bíblico con la conciencia de entrar totalmente en el otro.

Finalmente, seguimos con un intento de sentir estas diferentes atmósferas en una rápida sucesión, para ver qué ocurre cuando se juntan. Primero, siento los ánimos de una forma separada, luego empiezo a sentirlos como una mezcla de uno y otro; además de mi potencial por mi ego masculino para experimentar con las mujeres de una manera diferente. Esta mezcla de sentimientos me lleva muy cerca de la totalidad del acontecimiento onírico.

Cuanto más me aproximo a esta totalidad, más cerca estoy de alcanzar el genio del sueño, y con él una de las fuentes más creativas de todo mi ser. Este giro desde la periferia al núcleo de la existencia tiene un efecto transformador.

Experimento en el trabajo con sueños

En el trabajo práctico con sueños que he dirigido durante quince años, desarrollamos un experimento que hace posible investigar con sueños recientes, frescos, vivos, por nosotros mismos, sin ninguna ayuda exterior. Sin embargo, puedes encontrar que necesites algunos estímulos externos que te ayuden a no desviarte. Puedes hacer una grabación de las siguientes instrucciones detalladas más abajo y realizar el experimento como un juego parando la cinta cuando necesites quedarte un poco más.

Encuentra un rincón donde puedas practicarlo sin ser molestado por una media hora. (Para algunas personas encontrar, un espacio así puede ser ya un ejercicio en sí mismo). Haz el experimento tumbado de espaldas o sentado en una postura de meditación en el suelo o en una silla; intenta encontrar en poco tiempo una posición confortable que no estorbe tu respiración. Ve leyendo lentamente las siguientes instrucciones. Están divididas en cuatro niveles que descienden y un nivel que asciende. Mientras vamos descendiendo, tratamos de llegar a un estado de consciencia liminal en el que casi nos dormimos, pero por muy poco no lo hacemos.

Cuando hayas entendido la naturaleza de las instrucciones, cierra los ojos y empieza a experimentar. No tiene por qué requerir más de unos pocos minutos, pero puedes hacerlo tan largo como quieras y tan a menudo como te apetezca. Para este experimento elige un sueño fresco que aún puedas recordar de una manera clara. Los sueños recientes son los más convenientes para este propósito.

Éste es el programa de una manera resumida:

PRIMERO, imagínate bajando por una escalera o por una ladera. Repítelo.

SEGUNDO, empieza por la coronilla y siente cómo la consciencia desciende hasta tus pies. Fíjate en todo lo que experimentas durante su curso.

TERCERO, entra en el sueño desde el punto de vista del sueño mismo y reconoce cuanto te rodea.

CUARTO, observa a otra persona en el sueño. Mediante una cuidadosa observación, empieza a sentir empatía con ella y efectúa un tránsito hacia su punto de vista. Repite el mismo proceso con varios «otros» del sueño. Cuando estés fuertemente identificado con un «otro», trata de localizarte y observar tu «ego» del sueño.

QUINTO, cuando sientas que ya has tenido bastante, cuenta lentamente desde uno hasta veinte, observando la descompresión de la conciencia a medida que vuelves a la superficie.

Para elegir un sueño apropiado, haz un test corto y preliminar: mira a tu alrededor y observa el espacio que tienes presente mientras estás leyendo este libro. Observa algunos objetos y concéntrate en unos pocos. Mira cómo les da la luz. Fíjate en la distancia que existe entre tú y esos objetos. Date cuenta de que estás en un espacio que te rodea por todas partes. Ahora, cierra los ojos y trata de recordar ese espacio que acabas de observar y también los objetos donde has puesto tu atención. Permanece algunos minutos haciéndolo. Entonces cambia tu atención hacia el sueño que has elegido inicialmente para este experimento. Si puedes acordarte de alguna parte del sueño tan claramente como recuerdas el espacio donde te encuentras, éste sería un buen sueño. En el caso de que sólo hubiera una escena que pudieras recordar espacialmente, tómala y experimenta con ella. Si, con todo, el sueño parece más una historia que un evento espacial, mejor sería que eligieras otro.

La imagen del sueño que selecciones para este trabajo tendría que ser una en la que también hubiera otro personaje: un animal o cualquier otra clase de presencia. Uno de los objetivos del experimento es mover la ubicación de la consciencia de uno mismo al «otro» en el sueño, para poder experimentar el soñar desde el punto de vista del «otro», además del propio.

Paso 1

Para una inducción inicial en la consciencia liminal –una consciencia flotando entre el dormir y el despertar–, comienza tomando consciencia de tu respiración y empieza a contar de veinte a diez. Con cada número, imagínate bajando un escalón o descendiendo por una ladera. A medida que desciendes, siente cómo vas quedándote dormido. Cuando llegues a diez, párate un momento: siente en qué estado de consciencia te encuentras y si lo sientes diferente que en el momento en que empezaste a contar. (En este momento no importa si lo sientes o no diferente. Lo que importa aquí es que te lo *preguntes*, ya que te puedes dar cuenta de la posibilidad de que *puedes* cambiar tu estado de conciencia). Luego cuenta de diez a cero; mientras vas hundiéndote aún más profundamente.

Vas a llegar muy cerca del lugar en que te duermas. Intenta mantenerte justo en el momento antes de dormir, conquistando ese nivel donde estás tan cerca del estado onírico, pero sin llegar a estarlo completamente. Esto requiere esfuerzo, como un equilibrista que camina por la cuerda en el aire: si vas a la deriva, te duermes.

Paso 2

Cuando hayas conseguido este estado liminal entre el dormir y el despertar, cuenta otra vez de diez a cero. Esta vez, mientras vas contando, enfoca primero tu conciencia en la coronilla, y lleva el foco de tu atención hundiéndote lentamente a través de tu cabeza, de tu cuello, de tu torso, de tus brazos, a través de tus genitales, de tus piernas, hasta los pies. Cuando sientas que tu atención está en los pies, entra en la imagen del sueño que has elegido.

Paso 3

Ahora, posiciónate en el mismo lugar del sueño donde se encontraba el «ego» del sueño, y empieza a mirar a tu alrededor.

¿Hay luz en el espacio o está oscuro? ¿Cómo es la luz, fuerte o débil? Cuando miras hacia arriba, ¿qué ves? ¿De qué te das cuenta cuando miras hacia arriba? ¿Hay objetos que puedas ver? Gira lentamente hacia la izquierda. ¿De qué te das cuenta? ¿Estás en un espacio grande? ¿Es un espacio alto o bajo? Concéntrate en un objeto y calcula cuán lejos estás de este objeto. ¿Qué forma tiene? ¿Qué textura? ¿Cómo lo ilumina la luz? Gírate un poco más hacia el lado que prefieras y empieza a observar tantos objetos como quieras, pero continúa dándote la vuelta lentamente, muy lentamente. Intenta ir tan lentamente como puedas. Cada vez que veas un objeto interesante, obsérvalo cuidadosamente e intenta calcular la distancia entre tú y el objeto. Toma conciencia de que estás rodeado por todas partes por un ambiente.

¿Hay algún sonido? ¿Notas algún olor? ¿Cómo es el suelo bajo tus pies? ¿Cómo es el ambiente del espacio en que te encuentras? ¿Cómo es la atmósfera, tensa o relajada, luminosa u oscura, agradable o desagradable, deprimida, alegre o algo entremedias?

Paso 4

Mira alrededor del espacio y trata de localizar algún otro ser que esté allí contigo. Para poder llevar a cabo la identificación, llamaré a esa persona «otro» y a ti te llamaré «uno mismo». ¿Cuán lejos está «uno mismo» de «otro»? Calcula la distancia aproximada.

¿Qué siente «uno mismo» sobre «otro»? ¿A «uno mismo» le gusta el «otro»? Concéntrate. Comprueba en tu cuerpo qué siente «uno mismo» sobre el «otro». Observa al «otro». ¿Qué esperas que sienta el «otro»? Haz una nota mental de esto. (Esto es para poder comparar después el mundo interno de –sus expectativas y proyecciones– con la experiencia del interior del «otro»).

¿En qué posición del cuerpo se encuentra el «otro»? ¿En qué postura? ¿Es una postura tensa o relajada? ¿Es una postura ansiosa o desprendida? Si se mueve, observa sus movimientos con ojos de coreógrafo. Ahora siente en tu propio cuerpo esa postura o esos movimientos. ¿Cómo te sientes estando en esta postura o moviéndote así? (Si es posible, hazlo sin un movimiento real. Sólo intenta sentirlo profundamente en tu cuerpo). Observa con cuidado al otro mientras lo haces. Trata de sentir el cuerpo del otro desde tu interior. Ahora espera, mientras observas cuidadosamente tu cuerpo entero para ayudarte a contemplar y a analizar. Si hay alguna parte del cuerpo del otro que puedes sentir más cercana desde tu interior, concéntrate ahí.

Si «uno mismo» y el «otro» están mirando a un tercero, enfoca esa mirada. ¿Qué ves en los ojos del «otro»? ¿Qué le está transmitiendo esta mirada del «otro» a «uno mismo»? ¿Qué estado de ánimo tiene esta mirada? Espera y observa.

Otro lugar muy bueno para concentrar la atención es en la espina dorsal del otro. Siéntela como la tuya propia. ¿Cómo sientes la espalda del otro? *Las percepciones sensoriomotrices son unos canales que facilitan la entrada al otro: el sentido de la vista, una mirada que va pasando entre «uno mismo» y «otro», la postura, la espalda o el movimiento.* Ahora, espera hasta que puedas sentir al otro desde tu interior.

De pronto, esto se te aparecerá de una manera fácil y natural. Espera este momento. Es la identificación que viene después. Puede tardar un poco en llegar. Estate flotando alrededor de este punto de concentración. El tránsito aparece casi sin avisar. Te encontrarás con que puedes sentir al «otro» fácilmente desde «uno mismo». ¿Cómo es el sentir del otro? ¿Qué está sintiendo físicamente? Ahora, observa el espacio desde el punto de vista del otro, desde la posición del otro. Sólo tienes que mirar alrededor. ¿Cómo ve el «otro» el espacio? ¿Es oscuro o hay suficiente luz para el «otro»? ¿Es un espacio grande? ¿Puede el «otro» experimentar el ambiente que le rodea de una manera diferente que «uno mismo»? Ahora, el «otro» encuentra a «uno mismo» y empieza a mirarlo. ¿Qué parece «uno mismo» desde el punto de vista del «otro»? Sólo tienes que mirar a «uno mismo» y observarlo. Continúa observando desde el «otro» y mira a tu alrededor. ¿Qué atmosfera hay? ¿Puede el «otro» escuchar algún sonido? ¿Qué más está experimentando el «otro»? ¿Qué postura o movimiento le gusta en este momento? Ahora vuelve a observar a «uno mismo» otra vez.

Estate con esto tanto como puedas. Permanece cercano a la experiencia del otro. Si hay otros en el espacio, puedes intentar también hacer un tránsito hacia ellos. Acércate muy lentamente. Espera siempre hasta que la empatía pase imperceptiblemente a una completa escala de identificación antes de efectuarlo.

Paso 5

Cuando te canses, tengas la sensación de que ya has hecho bastante o empieces a perder la imagen en la que has estado trabajando, cuenta de uno a veinte. No olvides observar el cambio de densidad de tu concentración y los cambios de atmósfera a medida que vas volviendo a la conciencia.

Al principio, este experimento puede tener alguna dificultad. El tránsito hacia el «otro» a menudo es difícil de obtener. Te sentirás como si todo te lo estuvieras inventando. La voz de la razón te dice con certeza que te estás enredando en lo ficticio, pero una vez que los sucesos del sueño recordado aparecen como en un *ambiente real*, el sentido de autenticidad silenciará –por algunos momentos– esta voz de la razón. Intenta potenciar unos pocos tránsitos hacia otros habitantes del ensueño y encontrarás que, de pronto, puedes sentir el sueño desde la perspectiva de otro más. Cuando lo hayas sentido, los experimentos siguientes serán más fáciles. Cuanto más lo hagas, menos arduo te será sostener la concentración y mantener estable el ambiente de la imagen. A medida que te vayas entrenando en mantener la atención, la tendencia natural de las imágenes de fluctuar y evaporarse disminuirá y los tránsitos tendrán lugar más rápidamente.

En el caso de que tengas el sentimiento de que no puedes salir de la identificación con el otro después de finalizado el trabajo con sueños, no te asustes. Lentamente se disolverá y podrás transitar otra vez al yo habitual. Ser el «yo» es una especie de hábito, como el fumar. Es pesado dejar de fumar y fácil empezar otra vez. De la misma manera, es pesado dejar la habitual perspectiva del yo y fácil resbalar de nuevo.

Un sistema que ayuda a salir de un estado de pánico es respirar profundamente. Baja tu respiración en tu cuerpo tan profundamente como puedas. Imagínala conectando con tus pies. Observa cómo tus pies están firmemente plantados en el suelo. Continúa respirando muy profundamente.

Este experimento que hemos descrito es una manera efectiva de trabajar tú mismo con sueños recientes. Mantén un diario donde puedas escribir todas tus experiencias. Observa las huellas de tus dificultades con los tránsitos y anota qué métodos son más efectivos y funcionan mejor para ti. Por ejemplo, en mi caso, la manera más fácil de efectuar un tránsito es mediante una cuidadosa observación de la postura corporal. Anoto en qué orden fue posible el tránsito a otras perspectivas, qué fue fácil y qué fue difícil. Me recuerdo a mí mismo en qué difiere cada perspectiva y qué asociaciones emergieron mientras trabajaba en esas interioridades. Si recuerdo algún momento en mi vida en que haya actuado de la misma manera que la persona del sueño que justo acabo de transitar, lo anoto también. De este modo, conecto a los que aparecen en mis sueños con mi vida cotidiana. Por ejemplo, en el sueño 8 del apéndice, un sueño que tuve en Sidney, el trabajo que hice me llevó a transitar a mi amigo psiquiatra de Viena, quien, de repente, descubría que lo que había estado buscando permanecía desde siempre delante de sus narices, justo enfrente de la calle. Puedo sentir su piel, su cuerpo fuerte, desmañado y cargado en la espalda y puedo comprobar también su anhelo por lo que no puede tener. Me recuerda la manera en que, a menudo, me es imposible encontrar las cosas que están justo en frente de mi cara porque asumo que no seré capaz de encontrarlas, ocupado como estoy en mis extensas materias. A veces, esto me da el toque de profesor distraído. Si llevara gafas, sé que las estaría buscando constantemente, aunque las tuviera justo frente a mí.

Si tengo la energía, concluyo mi informe en el diario de sueños con una completa descripción de todo el trabajo como si fuera un sueño. Recuerdo tantos detalles como me sea posible, como este detallado diario de trabajo con sueños que requiere un poco de disciplina —de la cual sólo poseo una pequeña y preciosa parte—. Esta clase de informes detallados, en mi caso, son esporádicos. Normalmente me resulta dificultoso hacer el trabajo con sueños reales. Existen muchas razones para no hacerlo, alquilar películas en vídeo, es una.

Si combinas este experimento con el trabajo de la serie de sueños presentado en el capítulo 8, es posible trabajar tus propios sueños por it mismo utilizando alguna disciplina.

Una serie de sueños consiste en un grupo de sueños ordenados cronológicamente. En el trabajo con series de sueños, el soñador tiene que ir buscando las interconexiones en la gran cantidad de material presentado en los textos de los sueños que recuerda. Por ejemplo, en el capítulo 8 he sometido unas series de mis propios sueños —mientras me hallaba en Australia– al riguroso ensamblaje de entrelazar patrones, creando una serie de mapas de este particular desierto tan agreste.

Cuanto más se apartan nuestras vidas del camino trillado, menos señales encontramos en la carretera. Finalmente, acabamos en los lugares más despoblados de nuestras vidas, un sitio por donde tenemos que navegar puramente con un sentido interior de dirección, a medida que diariamente nos confrontamos con nuevos terrenos. El trabajo con sueños nos entrena para desarrollar un sentido de dirección en lo desconocido absoluto. Mis series de sueños de Australia demuestran cómo este sentido interno de dirección, este dispositivo, emergió en mi vida.

Primero empecé a desarrollar mi método de trabajo –tal como se demostró más arriba– basándome en mi sueño lúcido, cuando paré al taxista cerca de la Academia de Leiden. (Un sueño lúcido es un suceso del sueño durante el cual uno es consciente del hecho de que está soñando). Resultó obvio que, desde una perspectiva puramente fenomenológica, el taxista era un ser humano para el cual yo era una especie de lunático. Desde donde él estaba sentado, vivía enteramente en un mundo real, obviamente no creado por el loco que pretendía que ése era su sueño. Cuanto más penetraba en su perspectiva, más real se me aparecía su mundo. ¿Me estaba volviendo loco mientras perdía la distinción entre realidad y fantasía?

Me hubiera sentido realmente como el lunático que el taxista vio en mí si mi actitud no hubiera sido preparada diez años antes, en 1973, por otro sueño en el que me zambullí. Discutí este sueño con un hombre al que admiro enormemente, Henry Corbin, el gran estudioso del sufismo.

En el sueño me encontraba paseando a lo largo del río. En otro lado veía una ciudad del Oriente Medio con cúpulas estucadas de blanco. Sin vacilar me tiré al río y lo crucé a nado. Cuando paseaba por el interior de la ciudad blanca estaba casi abrumado por la realidad del lugar. Parecía más real que nada de lo que había visto antes.

Le expliqué este sueño a Corbin porque, durante las semanas en que lo tuve lo oí hablar de la Ciudad de la Luz en Eranos, un congreso en Ascona, Suiza, donde desde 1933 grandes y diferentes eruditos intentaban discutir sus ideas más básicas antes de presentarlas a una audiencia mayor. Esta descripción de la ciudad me sonaba tanto a la de mi sueño, que decidí preguntarle. Yo me encontraba en el principio de mi vida, tendría un poco más de veinte años, y él se encontraba al final de la suya, en la sesentena. Por alguna razón, me tomó afecto y encendió su aparato para poder escuchar mejor. Oír lo fatigaba. Vivía en un mundo, solía decir con ironía, en el que la mayoría de sus coetáneos estaban muertos desde hacía unos mil años. Lo quería mucho. Después de escuchar el sueño, sonrió.

—Tú estuviste allí –dijo–. Tú estuviste realmente allí. Tú estuviste en esa ciudad. Por eso la sentiste tan real. Tú estuviste allí porque la ciudad existe.

El lugar donde existe la ciudad ha sido descrito por él en muchos de sus libros, y más notablemente en *La Imaginación Creativa en el sufismo de lbn-Arabi*. Había llamado a este lugar el *mundus imaginalis*, el mundo imaginal. Este mundo imaginal era un estado de realidad, un reino con una arquitectura del espacio y del tiempo tan real como el de la materia física, o el mundo del espíritu de la metafísica o del puro pensamiento. Se consideraba que existían tres mundos: el mundo de la materia, abajo; el mundo del espíritu, arriba; y el mundo de la imagen, en el medio; cada reino era completamente real. En el siglo xii, de acuerdo con Corbin, es-te reino del medio se soltó de la consciencia occidental, dejándonos con la dicotomía de la materia y del espíritu y, finalmente, sólo con la ciencia de la materia. Pero cuando la visión aún era fuerte en Europa, allí existían un mundo superior del espíritu/mente, un mundo inferior de la materia y un mundo intermedio de la imagen. Estando completamente despiertos, los visionarios tenían libre acceso a este último reino. Sus visiones no eran consideradas como sus fantasías privadas, eran tomadas como viajeros que podían ir a un mundo verdadero, más o menos como el vuelo del águila de Ilyatjari. Corbin se refería a estos viajeros, siguiendo al más grande de los visionarios medievales sufís, Ibn-Arabi, como caballeros de lo invisible.

Hoy puedo ver el prototipo de este reino intermedio en el mundo del soñar. Mientras soñamos, el mundo imaginal está *presente* objetivamente: de hecho, nos encontramos a nosotros mismos allí. Es un *continuum* del espacio-tiempo, como el mundo de la materia, poblado de habitantes que tienen densidad y están compuestos de una sustancia que es algo así como no material.

Entonces, cuando conocí al taxista, estaba filosóficamente preparado para volver a como era la consciencia occidental antes del siglo XII y considerar su existencia como real, *ni material ni metafísica*. La sustancia de su existencia es algo diferente –imaginaria–, fundamentalmente desconocida y, sin embargo, real.

En su mayor parte, no lo considero como una momentánea encarnación de una esencia permanente de otros mundos, un espíritu en el sentido metafísico. Todo lo que sé es que existe mientras sueño y que allí está encarnado. ¿Dónde estaba antes de soñar y dónde estará después? Sé tan poco sobre esto como sobre mi propio ser antes y después de mi vida.

Para mi sorpresa, las implicaciones terapéuticas del método de identificación con los «otros» del sueño fueron profundas. Como profesional utilizo el trabajo con sueños para llegar a las profundidades del alma de mis pacientes, para ayudarles a facilitar pequeñas transformaciones, lo que constituye un descubrimiento excelente. Esto, además de permitirme llegar a unos lugares tan profundos que nunca antes había llegado, es también un paso decisivo en mi emancipación de mis antepasados psicoanalistas –como los muertos *Ngankari* de Ilyatjari en el centro de la Vía Láctea–, autoridades erigidas en mi profesión cuyas ideas han hecho posible mis pensamientos. Al tropezar con una nueva percepción en mi trabajo, puedo desarrollar mis propias ideas (dentro de lo que se puede ser original cuando se empieza), con lo que mi relación con los padres Freud y Jung empezó a cambiar. Los sueños que tuve en Australia muestran el cambio que se produjo en relación con ellos.

Me quedé clavado con la perspectiva del taxista al saber que él era él mismo y no una parte de mí. Él no era mío. No era eso que llamamos subpersonalidad. Yo no lo poseía. Él insistía en mantener su autonomía y dignidad. Pero podía conocerlo desde mi interior mediante el proceso de identificación que acabo de describir. Vino a ser más fácil identificarse con gente en los sueños que con la del mundo físico de cada día. Esto podría deberse a que en el mundo de los sueños, una fuerza de vida común anima a ambos, a uno mismo y a los otros, incluyendo al sueño mismo, participando en una vida creativa supeditada a un desconocido genio del sueño. Pero la paradoja más grande es que, al principio, los sentimientos que experimenté en la identificación al no ser míos, podía sentirlos de una manera visceral, profunda, mucho mayor de lo que yo consideraba que contendrían si hubiera tomado por míos los sentimientos de la otra persona del sueño, es decir, si los hubiera considerado como propios. (En aquel tiempo se hablaba mucho en psicología de la posesión de sentimientos y ningún método que no los considerara como propios iba más allá de lo establecido). Esto, si bien removió la carga de responsabilidad por los deseos y sentimientos que iban emergiendo de una manera total desde que aceptaba que no eran míos, me evitaba quedar atrapado en la culpa y la vergüenza que acompañan muchas veces a las más tormentosas emociones y deseos repugnantes que se crean en nuestro interior. Me sentía libre para vivenciar lo que viniera, sin ninguna clase de censura. Pero, así y todo, tal experiencia interna me agitaba profundamente por todos los sentimientos que habían entrado en mi consciencia.

En este mismo congreso de 1973 en Eranos, donde Henry Corbin habló sobre la Ciudad de la Luz, James Hillman pronunció una conferencia llamada «El sueño y el Inframundo», que trazó una línea divisoria y cambió la dirección del trabajo con sueños.

Hillman observó que, siempre desde Freud, los que trabajaban con sueños se dirigían hacia éstos para extraer algún significado que podía ser llevado al mundo de cada día. Freud había dicho: «Donde estaba el ello, tenía que estar el ego», indicando que los habitantes del mundo del sueño tenían que ser conquistados por la conciencia despierta y empujados a la superficie a su aire, así como hacía el «caballeroso» hombre de las cavernas con las mujeres, o como el colonizador con su sed de explotar las materias primas de las tierras que conquistaba. El sueño era «ordeñado» en todos sus significados y dejado de lado como una maleta vieja, para que así, nosotros, en la vida diaria, pudiéramos ser los más sabios. Hillman propuso un cambio de dirección: llevar una vida cotidiana que alimentara los sueños. A mi entender, debemos intentar cambiar nuestra única manera de hacer el trabajo con sueños, que está exclusivamente encaminada hacia afuera, cada vez más hacia una orientación interna.

La manera más común en la que los sueños han sido tratados fue el utilizarlos para obtener nuevas percepciones sobre nuestra vida diaria, nuestro pasado y nuestros problemas. Aplicamos directamente aquello que hemos aprendido trabajando con un sueño en nuestra existencia de vigilia. La mujer que se levantaba la camisa es mi lado femenino que necesita más atención, mi vida tiene que ser vivida más sensualmente. La gente que golpea mi puerta son partes de mi sombra, elementos de mi propia masculinidad que me asustan, mejor que los deje entrar para satisfacer a mi virilidad de una manera más satisfactoria. La mujer en el taburete del bar tiene que aprender a cuidar a los otros sin tener que verse de inmediato envuelta tan profundamente que la vida se le descentre. La inseguridad del presidente en la Casa Blanca con los pájaros ancestrales en la parte de atrás quiere decir que mi insegura consciencia occidental tiene que aprender a adaptarse a un reino interior más primitivo. Etcétera. Al ir ganando comprensión mediante los sueños, nuestra vida diaria queda afectada muy directamente. Las posibilidades directas terapéuticas son obvias. Mis inseguridades en el caso de mi sueño de la Casa Blanca pueden apuntar a los primeros y arcaicos momentos de mi vida, cuando los sentimientos de inferioridad reinantes en la familia de mi madre conformaron la primera imagen de mí mismo. Esto me ayuda a entenderme mejor, lo cual tiene mucho valor.

Todas estas «exportaciones» provienen del mundo de los sueños. Si en un sueño nos sentimos totalmente aislados, tendremos que retroceder a aquel momento en nuestro pasado para ver de dónde viene este aislamiento…, pero espera un minuto.

Vamos a utilizar este ejemplo del aislamiento para hablar sobre «importaciones»:

Un hombre de mediana edad que está sentado al lado de una nevera. Se siente solo y rechazado. Su mujer lo ha dejado. La nevera está vacía.

De la misma manera que expliqué en el ejercicio, este hombre y yo volvimos a entrar al sueño de la cocina. Primero, experimenta el aislamiento como un sentimiento helado en la boca de su estómago, como una sensación de vacío. Mediante un tránsito, se identifica con la nevera –y recuerda a su «helada» madre–. Entonces recuerda el momento cuando ésta dejó la casa para volver a estudiar a otra ciudad y se da cuenta de que, desde que su mujer quiere volver a estudiar, ahora que los hijos se han ido de casa, tiene miedo de ser abandonado otra vez.

En este punto es factible hacer que se muevan todas las «exportaciones», comprendiendo y sintiendo cómo el curso de las acciones de su mujer hizo que él repitiera aquello que ya había vivido antes. Esto bien podría ser apropiado. Sin embargo, es posible también llevar los sentimientos que aparecieron el día en que su madre le dijo simplemente: «Me iré». Podríamos llevarlos otra vez al sueño, al sentimiento de aislamiento congelado cuando estaba sentado junto a la nevera. A medida que vamos removiendo, los sentimientos se van agrandando en el sueño y, de repente, él mismo se siente profundamente congelado. Un tránsito espontáneo ha tenido lugar en el interior, en el frígido corazón del congelador. Una profunda congelación le invade todo el cuerpo. Empieza a sentirse como drogado; nota una incandescencia de bienestar como si fuera a morir de hipotermia, (el punto en que el frío nos lleva a sensaciones de calor) de la misma manera que los montañeros que han sido salvados justo a tiempo cuentan la experiencia de una congelación cercana a la muerte. Se ha movido hacia el centro del frío. El sentimiento de aislamiento se ha hecho esencial –transformado en una concentrada sustancia emocional mediante la destilación– al importar una memoria de la vida cotidiana. El soñador conoce la esencia de la frialdad. Ahora, menos aterrorizado por los sentimientos de frialdad, el soñador empieza a reflejarlos en los aspectos solitarios de la vida. Al cabo de un tiempo, esta soledad de puro hielo se convierte –en parte– en un solitario sentido de uno mismo, en una habilidad de estar solo, alejado del calor maternal. Se pega menos a su mujer; siente que puede respirar más libremente. Un efecto ondulante aparece en toda su vida; su mundo despierto se transforma. Cada vez que vuelve a sentir ese sentimiento de pegarse a su mujer con miedo, puede volver, mediante el trabajo con el sueño, a la esencia de la frialdad y esperar hasta que el temor baje. Es una terapia homeopática: aquello que enferma, cura. Ha aprendido el remedio para atenuar la frialdad con la esencia del hielo.

El propósito de este ejemplo es mostrar que *si permitimos que el mundo del día sirva al mundo de la noche*, resulta posible sentir las experiencias tan intensamente reales y esenciales que afecten directamente la calidad de nuestra vitalidad. Los soñadores pueden cambiar de una manera fundamental. Importar sentimientos de nuestra vida diaria hace que el trabajo con sueños se convierta en un alambique donde, como con el alcohol, las emociones en estado bruto sean destiladas y se conviertan en puro espíritu. La cruda frialdad y el aislamiento se convierten en el puro espíritu de la soledad. La experiencia del hielo nos conduce a la capacidad de saber estar solo. Elaborar la esencia central a partir del material emocional en bruto transforma a aquel que lo elabora.

El trabajo con sueños demuestra que, en el corazón del sentimiento que más nos obsesiona, puede hallarse un agente de cambio que transforme nuestros problemas de la vida diaria indirecta y profundamente, posibilitándonos un cambio de actitud y un sentido diferente de estar vivo.

Hasta ahora me he concentrado en los puntos de vista que intentan volver a entrar en el estado mental en el que nos encontramos mientras

dormimos, las llamadas *perspectivas del soñar*. Pero luego nos despertamos.

Cuando estamos despiertos y miramos hacia atrás, hacia el sueño, como si fuera un acontecimiento del pasado, emergen otros puntos de vista, las llamadas *perspectivas de la vigilia*, que ofrecen una amplia gama de posibilidades.

Por supuesto que la perspectiva más fácil es la racional, ya que considera los sueños como bazofia sin ningún significado, pompas de jabón que se usan para lavar el cerebro. Pero como esta perspectiva niega cualquier posibilidad para trabajar con los sueños, simplemente la menciono. Pero si creemos, como Jung, que las leyes psicológicas son por naturaleza paradójicas, los sueños están, al mismo tiempo, carentes y cargados de significado. El trabajo con sueños presupone que siempre tienen un significado.

La primera perspectiva con significado que encontramos la vamos a llamar perspectiva *naíf* (Uso aquí la palabra *naíf* sin ningún juicio, del mismo modo en que hablaríamos sobre una pintura *naíf*). Volvién-dome a referir a mi sueño con mi hijo en la Academia de Leiden, esta perspectiva *naíf* asumiría que lo que ha ocurrido en el sueño represen-ta algo real. Esta perspectiva es la que, por la mañana, diría: «David, esta noche he soñado contigo».

Jung llama a la interpretación del sueño desde esta perspectiva el *nivel objetivo*, porque asume que la figura del sueño se refiere a su parte objetiva, su contraparte despierta. Jung insiste en que ésta es una manera esencial de ver los sueños cuando uno está en estrecha relación con la persona con quien sueña, ya que puede referirse a una percepción de esta persona aún inconsciente.

En este caso, verdaderamente, estoy en una relación muy íntima con la figura del sueño. Quizás de este sueño tenga una connotación inconsciente en el sentido de que mi hijo y yo compartimos una mis-ma curiosidad investigadora y unas mismas capacidades mercurianas y que sería mejor que le enseñara su propio camino en este mundo académico de curiosidad y cambio constante. También podría referirse a una necesidad de incrementar la comunicación entre nosotros. Mercurio es, después de todo, el dios de la comunicación (así como del cambio, de los viajes, de las trampas, y de los trabajadores de sueños que guían a la gente a los mundos subterráneos).

En este nivel objetivo, concreto, el sueño mismo hace referencia directa al yo despierto: yo, en el sueño, soy la misma persona que soy cuando estoy despierto.

La siguiente es la perspectiva de la personalidad. Después de haberle dicho a mi hijo que había soñado con él, me puedo dar cuenta de que, como todos los elementos presentes en el sueño forman parte del sueño entero, cada uno tiene que ser parte del soñador. Por lo tanto, cada elemento ha de ser una parte de la personalidad del soñador. David en Leiden es una subpersonalidad de mi ser del sueño. Se refiere a mi muchacho interno que sigue a su padre y aprende de él al hacer lo mismo, la parte de mí que sigue la autoridad paterna con total confianza, lanzándose a la primera sugestión de su padre. Cuando estoy en mi aspecto de David-niño-que-salta-a-la-primera, me entusiasmo fácilmente, puedo ser muy ingenuo con la autoridad, y abrazo con ojos chispeantes y con total inocencia la astucia de los otros. Mercurio es, después de todo, el Dios de los engaños y de los trucos. Mercurio, en este contexto, puede crear un placer casi inocente en mentir y engañar, siendo un estafador que engaña a los demás con abandono y con desenfado –o como un niño con deseos de comunicar y juntar a la gente–. (Esta parte de mi personalidad tiene, necesariamente, que salir a la superficie si tengo que domesticar aquella parte de sus intenciones que no es ética). Jung llama a esta perspectiva, aquélla en la que cada elemento del sueño representa una parte del sujeto (o soñador), el nivel subjetivo de interpretación.

En el nivel subjetivo, «yo», en el sueño, soy la parte de mi personalidad que habitualmente se identifica como «el padre» con una nostalgia por la juventud.

¿Cuál es la relación entre la perspectiva mientras dormimos –que mi hijo es un ser humano en su propio derecho– y la despierta, el nivel subjetivo que lo ve como una parte de mi personalidad? Por supuesto que no tengo ni idea y no me ayuda especular con este fenómeno de la onda/partícula en el sueño. (De acuerdo con la mecánica cuántica, un rayo de luz se comporta, paradójicamente, como una onda y como una partícula dependiendo de la manera en que el observador lo estudia).

Las personas que habitan mis sueños comparten una fuerza vital conmigo, la vida creativa de lo que llamo el genio del sueño. Es como si los habitantes del sueño y yo perteneciéramos a una comunidad del alma que dibuja la energía que procede de la misma fuerza vital que todo lo anima. Como resultado, cuando entro en el mundo emocional de un personaje del sueño mediante la identificación, experimento una parte de esa fuerza vital compartida; una parte de mi vitalidad onírica no se da cuenta porque se experimenta como si le ocurriera a otro. Así, un personaje del sueño puede aparecer al mismo tiempo como alguien independiente y también como una cualidad de mi propia vitalidad.

El padre Teilhard de Chardin lo describe de una manera bellísima en el libro *El medio divino*:

> Tomé la lámpara y, dejando el lugar de las ocupaciones de cada día y de las relaciones donde todo parece estar claro, fui abajo, a mi ser más profundo, a los abismos, allí donde tengo la oscura sensación de que procede todo mi poder de acción. Pero a medida que iba dejando atrás las certezas convencionales por las que la vida social se ilumina superficialmente, me di cuenta de que estaba perdiendo el contacto conmigo mismo. A cada paso que descendía, una nueva persona se revelaba en mi interior de cuyo nombre no estaba seguro, y que ya no me obedecía más. Y cuando tuve que parar mi exploración porque el camino se desvaneció, encontré un abismo sin fondo a mis pies, y allí apareció –y no sé de dónde procedía– la corriente que he dado en llamar mi vida.

La conclusión parece ser que los habitantes del sueño, por la razón que sea, son personajes completamente reales e independientes siendo, al mismo tiempo, cualidades mías a las que tengo acceso a través de la identificación con esos «otros», también reales.

Otra perspectiva, una de las más antiguas, es la simbólica. Ésta ve las imágenes de los sueños como referentes a otro mundo, el cual es absolutamente inexpresivo y puede ser percibido mediante los significados de estos símbolos. Un símbolo apunta a una realidad más allá de su mera apariencia. Los mundos simbólicos expresados en la religión, el arte o la literatura se refieren a lo metafísico, a lo invisible. Un símbolo evoca el espíritu de su contraparte invisible. Un símbolo conecta la realidad de las imágenes y las formas con lo trascendente, el reino de la pura contemplación, donde no hay imágenes (descrito algunas veces como «ni aquí, ni allí») llamado el mundo del espíritu.

En el sueño de la Academia de Leiden, la estatua de Mercurio emerge a la superficie. (Recuerda que en el sueño era una estatua real. Lo simbólico es una perspectiva despierta). Visto como un símbolo, el dios Mercurio se refiere al espíritu de la comunicación en un mundo donde reina el supremo movimiento, el espíritu de los viajes y de la imaginación, donde todo está en continuo movimiento, una existencia de taxista, trasladando gente de un lado a otro en el mapa de los esfuerzos humanos. Mercurio rige más allá del cambio quijotesco, de la decepción y de la amoralidad radical. (Y no inmoral, ya que esto indicaría prescindir de la moral, y no es éste el caso, ya que la moral en sí misma no pertenece al mundo de Mercurio). Su ley absoluta es: continúa moviéndote. El espíritu de Mercurio es el de la transformación, del cambio de forma, el espíritu de los negociantes, de los viajeros y los ladrones, y de aquellos que trafican con lo desconocido, como los trabajadores de sueños, exploradores y espías. De acuerdo con los alquimistas medievales –cuyo patrón era Mercurio (encarnado como Hermes Trimegisto) y que estaban apasionadamente interesados en el proceso de sanación–, Mercurio rige los dos: el veneno y el remedio. Como vimos en el trabajo con el hombre de la nevera, lo que lo envenena, el miedo al frío, puede ser lo que lo cure al sumergirse en la esencia del hielo. Desde el punto de vista de las artes de la sanación, la alquimia se ocupa, en realidad, de extraer la medicina del veneno.

El sueño de la Academia de Leiden simboliza una iniciación en los rituales de Mercurio. La iniciación consiste en subir la estatua a la superficie, luego volverme lúcido –estar completamente despierto, mientras estoy completamente inmerso en la realidad del sueño–, mientras ambos, la estatua y mi hijo, desaparecen, seguido de la confrontación con el taxista que simboliza a Mercurio en su manifestación como Viajero.

Mercurio, el espíritu del movimiento y de la transformación, hace que pase de estar en compañía de mi juventud a ser un hombre solo, apesadumbrado por la realidad del sueño. Esta toma de conciencia mercuriana envenena y cura mi mente al mismo tiempo. Me vuelve loco, con una seguridad inflada de la que he tenido una gran y original perspicacia, y esto me alivia al reducirme a uno de los actores en la vida creativa de un ser superordenado.

La perspectiva *metafórica* difiere de la simbólica. Es un punto de vista poético, que percibe imágenes como figuras que hablan. La imagen de Mercurio saliendo a la superficie puede fácilmente convertirse en metáfora, en imagen que tiene algo que decir. Uno puede sentir visceralmente el significado del proceso imaginado como algo que está saliendo, que está rebosando, que va apareciendo a la superficie. La metáfora reverbera con una profundidad que procede del interior de la imagen. No necesitamos un conocimiento exterior para sentir su significado. No debemos acudir a ningún diccionario de símbolos o ir en busca de textos antiguos en las librerías. Todo lo que necesitamos es un ojo poético que nos desvele las metáforas del corazón. Para trabajar con sueños resulta esencial una capacidad poética para articular las metáforas que proceden de las imágenes, así como también un amplio conocimiento del mundo de los símbolos.

Hay emoción en el campamento. Ilyatjari transporta a unos cuantos niños que están llorando en la camioneta. Me dice que la mayoría son nietos suyos. Me alegro de que esté de vuelta. Ya empezaba a cansarme de escribir algunas notas didácticas para mí mismo en estilo telegráfico mientras esperaba nuestra próxima conversación.

Mi ordenador emite graznidos tristemente, esperando que lo alimenten.

4

COMUNICACIÓN SIMBIÓTICA

Ilyatjari, propenso a sentarse sobre su pierna izquierda, espera de una manera relajada la pregunta que he venido a hacerle. Quiero hablar sobre *comunicación simbiótica*, sobre los sentimientos, emociones y sensaciones de los otros mediante una participación directa.

La noción que pueda existir de una clase de comunicación así, no mediatizada por los sentidos, no concuerda demasiado con nuestro mundo cartesiano, en el que mantenemos con certeza que uno sólo puede sentir sus propios sentimientos y no los de los otros. Esta manera moderna de mirar ve a los individuos como particulares, como partículas llenas de un contenido propio y exclusivo, cada una en su mundo privado, que puede ser compartido –a voluntad– mediante el uso de medios de comunicación.

En el trabajo con sueños, los participantes no son sólo partículas, son también campos emocionales. Para los trabajadores de sueños es posible fundirse con el campo emocional generado por el soñador. Como en los sueños, *un humor es un ambiente emocional que nos rodea por todos lados.* Cuando decimos que existen vibraciones en la sala, queremos decir que el espacio entero está invadido por una particular atmósfera emocional.

Hemos visto que un sueño contiene no solamente un único estado de ánimo. Se puede acceder a los sucesos del sueño a través de diferentes perspectivas emocionales. El soñar puede ser experimentado mediante las emociones del sueño mismo (el «yo» en el sueño), o a través de los ojos del «otro» en el sueño. La experiencia de Robert Bosnak de parar un taxi en Leiden es completamente diferente de la del exasperado taxista. El primero está en la agonía del éxtasis, mientras que el segundo está preocupado y aburrido.

De la misma manera, algunos sentimientos que el trabajador de sueños experimenta mediante una recepción simbiótica no son los del sueño mismo, sino los de los «otros» del sueño. Algunas veces, los «otros» de nuestros sueños tienen estados de ánimo y emociones inaccesibles para nosotros. En este caso, si el soñador es ayudado por el trabajador de sueños a identificarse con ese «otro», la emoción desaparece en el trabajador de sueños… y es experimentada por el soñador. Uno de los objetivos del que trabaja con sueños es ayudar al soñador a darse cuenta de los elementos de la existencia desconocidos hasta entonces. El trabajador de sueños toma sus propias experiencias como *potenciales* experiencias del soñador. Esto no quiere decir, por supuesto, que cada cosa que experimento pertenezca necesariamente al ambiente del sueño recreado por la presentación de éste. Muchos de mis sentimientos y sensaciones pertenecen, probable y completamente, a *mi propia subjetividad* y no son el resultado de una fusión inconsciente con una atmósfera o un ambiente objetivo de la creatividad del soñador. A veces, he observado también que, de una manera parecida, las sensaciones subjetivas constituyen el resultado de una identificación inconsciente del trabajador de sueños con elementos del sueño mismo, por lo que considero que todas las sensaciones que experimento mientras estoy escuchando un sueño están *potencialmente* relacionadas con el ambiente de la atmósfera de ese soñar.

Parece que las experiencias que son reprimidas por el soñador pueden, especialmente, ser «tomadas» por el trabajador de sueños. Siempre imagino esto de una manera parecida a la ley de los vasos comunicantes que nos demostraban en la escuela. Un doble contenedor consiste en dos tubos de ensayo conectados por dos pipas de cristal fino: si el agua es empujada hacia abajo en una de ellas, es elevada en la otra, De una manera similar, si el soñador presiona una emoción hacia abajo, ésta aparecerá elevada en el interior del trabajador de sueños. Las sensaciones que experimento mientras estoy trabajando con un sueño me pueden dar tanta información como si estuviera en el mismo sueño indagando sobre alguna emoción reprimida. Desde el inicio del trabajo terapéutico occidental con sueños en el año 1900, hemos estado buscando ayuda en ellos para acceder a realidades emocionales que nos escondíamos a nosotros mismos. El problema que está escondido es difícil de encontrar. No podemos, sin peligro para la totalidad del trabajo con sueños, ver nada más allá que pueda servirnos como indicación de las inconscientes corrientes subterráneas del soñar.

Los trabajadores de sueños siempre investigamos sobre cuáles son los sentimientos reales que tenemos presentes por encima de otros puntos de vista diferentes existentes en el sueño. Y tenemos que ir con cuidado al hacerlo, sin imponer los nuestros propios al soñador, ya que podemos engendrar un estado de ánimo que no le pertenece, sino que nos pertenece sólo a nosotros. Uno nunca sabe realmente si un sentimiento o sensación experimentada mientras se está trabajando con un sueño está relacionado con la meteorología de ese sueño o con la comunicación de una emoción reprimida. Cuando percibimos la sensación de haber recibido un sentimiento, no siempre quiere decir que esté relacionado con el sueño, muchas veces es algo totalmente personal que pertenece únicamente al propio trabajador de sueños. Otras veces, tenemos que sufrir la incomodidad de lo desconocido. A menudo, reconozco una visión de mí mismo sentado con el agua hasta el cuello, completamente sucia, teniendo que trabajar con algo invisible debajo de ella y que puedo sentir solamente mediante la punta de los dedos.

El «otro» en el sueño –cuyo ánimo es absorbido por el trabajador de sueños– no tiene que ser necesariamente humano. Lo he mostrado en el ejemplo del hombre junto a la nevera que hizo el tránsito al congelador del interior de ésta. Parece como si cada partícula del sueño tuviera su propia vida interior. Todo lo que necesitamos para experimentarlo es hacer un tránsito. Lo sabemos por todas aquellas creaciones cercanas a este mundo tales como los mitos o los cuentos de hadas, donde los arroyos susurran, los animales hablan y los árboles contemplan. Más tarde, Nganyinytja y Ilyatjari nos enseñarían algo sobre la vida interior de los lagartos, a medida que íbamos entrando en las huellas de los sueños de los lagartos Ngintaka.

En el ejemplo del trabajo con sueños que he preparado para Ilyatjari, el «otro» del sueño es un globo que se rompe. Presenté este caso la semana anterior en una serie de conferencias para un público occidental en Sidney y Melbourne, para poder mantenerlo fresco en mi mente mientras se lo explicaba a Ilyatjari. Quiero tener su respuesta para un primer ejemplo de comunicación simbiótica. Es referente a un sueño de Monique, una mujer con la que trabajé en la Universidad de Leiden en el contexto de una investigación sobre interpretación de sueños realizada por un psicólogo experimental. Él presentó el sueño de Monique a varios analistas de diferentes escuelas de pensamiento de Europa y de Estados Unidos (no sé los resultados finales de su investigación). A mí me invitó como analista junguiano. Yo le dije que, aunque los demás estaban preparados para trabajar exclusivamente a partir del texto, sin tener que trabajar con el soñador, yo solamente trabajaría estando presente el soñador.

A Monique –la soñadora, a la que nunca había visto antes– la conocí en mayo de 1991, con la específica intención de trabajar en su sueño. Nos conocimos en la Universidad de Leiden, mi *alma mater*. Nuestro trabajo con el sueño nos ocupó cincuenta y cinco minutos y lo hicimos en holandés.

Entré en detalles ya que quería darle a Ilyatjari una impresión lo más clara posible sobre comunicación simbiótica, de manera que pudiera captar mi punto de vista y comentarlo desde la perspectiva de su propia tradición cultural.

A continuación, presento la transcripción directa de la cinta y las reflexiones que le siguen. La volví a enviar a la Universidad de Leiden para su evaluación. La narración hecha para Ilyatjari se basaba en estos materiales. Le expliqué el cuento procedente de la lejana Holanda en una mañana de un cálido agosto, (invierno) en Australia Central.

Monique y yo hablamos algunos minutos antes de empezar el trabajo durante los cuales me dijo que estaba embarazada de cinco meses –yo no me había dado cuenta–.

Le pedí que me explicara su sueño y lo hizo a partir de la observación directa de la memoria. Primero le había permitido leer el texto del sueño que tenía escrito, el cual había sido enviado a todos los analistas para su estudio. Luego la invité a volver a entrar en la escena del sueño y a detallarme sus observaciones. De esta manera, pudo darme un informe con más implicación desde el interior del sueño, como si estuviera aún dentro de él.

Esto me dio la oportunidad de irlo experimentando junto con ella. (No leí el texto del sueño que había preparado para los otros analistas hasta un año más tarde).

—Voy en bicicleta, sola, por una calle pequeña, y en un momento dado un coche me empuja fuera de la calzada. El coche avanzaba muy rápido. Me empuja y me caigo al suelo. El coche se para justo enfrente de mí y la policía lo detiene. Dos policías. En algún momento, yo también estaba en el coche. En el coche también había dos pillos y yo era uno de ellos. Yo conducía y a la izquierda, a mis pies, tengo una pistola en el suelo y en la parte de atrás hay dos policías. En el coche hay mucho dinero. He olvidado esto, pero cuando lo leo otra vez, lo recuerdo. Eran billetes. Un puñado. Diez billetes. Sólo se tenían que firmar. El dinero estaba escondido debajo de la rueda de recambio, debajo del asiento de atrás. Era dinero de verdad, pero sólo se podían hacer efectivos a partir de dos meses desde ese momento… no, sólo se podían gastar en dos meses.

—¿Tuviste el sueño hace dos meses? —le pregunto para hacer una primera conexión con el sueño.

—Sí. Estábamos sentados en el coche con la policía detrás y la policía quería tener la pistola y yo estaba conduciendo y no quería que ellos la tuvieran y no podía alcanzarla. Así era como conducíamos. En otro momento vamos hacia mi casa. Es una gran mansión en una especie de parque con una vista muy hermosa. Una casa muy grande y yo era uno de esos pillos. Iba vestida de una manera muy formal, un traje de sastre. Mi padre acostumbraba a llamarme «pillina» como una especie de nombre cariñoso.

Llamo a mi mayordomo mientras él sube las escaleras con todo lo que estaba preparando, tenía que hacer varias cosas. Estaba cuchicheando con él y los demás no lo notaban. Tomamos el ascensor para subir y parece que tengo dificultades para andar y le digo a mi otro compañero, el pillo: «¿A ti también te ocurre qué tienes dificultad para andar?». Y él me dice: «No, no me lo parece». Lo he hecho para ganar tiempo, por lo que había susurrado algo al mayordomo. Volvió a bajar con el ascensor y tardó mucho, muchísimo tiempo. Yo, mientras tanto, distraía a los otros para que no se dieran cuenta de que pasaba tanto rato. Nosotros vamos subiendo con el ascensor y, cuando llegamos, nos metemos en un globo, en el cesto. Con mi colega, el pillo, nos sentamos confortablemente. Había mucho aire que producía una sensación de liberación. Entonces, miro hacia arriba y estaba rasgado por la mitad, completamente hecho pedazos, cosa que me hizo reír. Por supuesto, esto es imposible, pero era divertido y podíamos volar en el aire y ver a la gente feliz por todas partes, la policía no nos podía alcanzar. Pensaban que, al fin y al cabo, éramos pillos divertidos. Luego vi a una niña en una granja donde los niños podían jugar con los animales… y eso fue todo.

Noto una fuerte sensación física en el estómago cuando menciona que el globo tiene una mitad completamente rota. Su experiencia placentera con el globo es contradictoria con mis emociones. Los dos estamos absorbidos por la atmósfera de la explicación del sueño. Ella, sintiendo las sensaciones de placer, mientras yo experimento la rotura del globo en mi vientre. Mi estómago no mostraba ningún síntoma antes de que me explicara el sueño. Sospecho que estoy sintiendo un elemento del sueño que ella está rehusando experimentar.

Cuando oigo por primera vez un sueño, normalmente me desanimo por lo incomprensible del material que el soñador me presenta. No entiendo absolutamente nada del sueño. Este sentimiento refleja la frustración de la mente racional, que tiene que admitir que no puede entender nada y que, por lo tanto, tiene que dejar espacio para las facultades irracionales. Mi vacío de entendimiento me hacía sentir horriblemente inferior, lo que me conectaba con ese sentimiento de inferioridad que circuló en mi familia por generaciones. Pero después de décadas de trabajo con sueños, ahora es todo diferente. Hoy sólo me hace sentir desesperanzado e incompetente y totalmente incapaz de hilvanar el trabajo de comprensión de los sueños. Todo lo que actualmente sé –o sospecho– al final de la narración de este sueño es que pueda existir un conflicto emocional alrededor de la experiencia del globo. Creo que la intensa experiencia de la rotura sentida en mi estómago puede tener relación con una represión inconsciente por parte de Monique. Esto encamina mi estrategia.

Como método en mi trabajo con sueños, tomo dicha captación como estrategia. Lo que no tiene por qué, necesariamente, trasladarnos por el sueño del principio al final, pero sí intentar, en cambio, seguir las corrientes emocionales subterráneas presentes en el sueño. Lo que está más fuertemente reprimido puede ser el material más importante, ya que no concuerda con la consciencia habitual. Este material, si brota a la consciencia, puede descolocar al soñador de sus raíces, como también puede ofrecer nuevas vistas y traer aires frescos.

La represión no es sólo una compresión de emociones fuera de la conciencia. Es, al mismo tiempo, una repulsión inconsciente por la cual el material sensible rehúsa ser consciente. Este elemento de represión es lo que llamamos resistencia. Mi estrategia habitual es, por consiguiente, *entrar en el sueño por el punto de menor resistencia –generalmente, aquella área en el sueño donde el mismo sueño se siente confortable– y, desde allí, trasladarnos al punto de mayor resistencia que, normalmente, es sentido como incómodo.* Si tuviéramos que empezar por el punto de mayor resistencia, la incomodidad construiría instantáneamente un muro impenetrable que escudaría al soñador del dolor causado por la confrontación con los elementos extraños a la existencia. El sistema psicológico habitual está encaminado en la dirección de hacer desaparecer lo desconocido, incluso cuando tenemos la intención de confrontar lo que no sabemos. Lo verdaderamente desconocido y salvaje asusta al ser habitual. Somos prisioneros de nuestros hábitos psicológicos. Por lo tanto, el soñador necesita, primero, un sentido de seguridad antes de poder entrar en un territorio psicológico ajeno. Con cada pieza del trabajo con sueños, tanto si estoy trabajando con alguien por primera vez como después de haber estado trabajando con el soñador durante unos diez años de análisis, siempre trato de ir primero a un lugar seguro en el sueño. En un lugar seguro siempre existirán menos resistencias a esas circunstancias psíquicas. Entrar en lugares de resistencia demasiado rápido puede levantar las defensas del yo habitual contra un peligro que se percibe. Por lo tanto, a veces es imprudente trabajar el sueño en un orden cronológico.

Si la narración empieza en un punto de alta resistencia y finaliza en un lugar seguro, es mejor trabajar el sueño al revés. Después de entrar por el punto de menor resistencia, lentamente voy moviéndome hacia el área del sueño donde siento que existe la resistencia mayor. En un primer momento, no puedo diferenciar si las indicaciones que percibo pertenecen a mi subjetividad o si pertenecen al sueño. Mientras voy escuchando y trabajando, tomo los movimientos de mi mundo interno como posibles señales. Algunas veces no conducen a ninguna parte, algunas veces estoy en la pista. Busco pistas en el desierto salvaje de los sueños.

En este caso, quiero llegar al globo roto, ya que las experiencias de Monique y las mías son polos completamente opuestos; como si estuviéramos experimentando dos fuerzas contradictorias en el interior del sueño. Esto apuntaría a una paradoja. Aprendí de C. G. Jung que los nódulos del alma son las raíces torcidas de las emociones contradictorias. La tensión de los opuestos, nos enseña Jung, es la fuente de la energía psíquica. Cuandoquiera que sospecho que existe una paradoja, lo menos que puedo hacer es observar.

Para crear un lugar seguro inicio el trabajo en el momento en que Monique va en su bicicleta, de una manera confortable, antes de que acontezcan todos los tira y afloja.

—Entonces tú ibas en bicicleta...

—Sí, voy en mi bicicleta. Sola, por una calle pequeña, muy bonita, un poco romántica…, creo que estoy yendo a casa… El coche tuerce la esquina. Allí es donde soy empujada fuera de la calzada.

—Justo antes de tomar la curva –pregunto–, ¿cómo te sientes?

De este modo establezco una relación entre la soñadora y yo mismo en un lugar seguro.

—Estoy muy contenta. Conduzco con soltura –contesta.

Este sentimiento de soltura en el mundo del sueño es, al mismo tiempo, un sentimiento de soltura conmigo. La atmósfera entre nosotros es relajada.

Unos minutos más tarde puede ser introducida la policía. La imagen colectiva de la policía tiene un contexto diferente para cada individuo. Antes de entrar más profundamente en la imagen, tengo que conocer las asociaciones conscientes con las que Monique observa a los policías. Una vez que el trabajo con el sueño haya conseguido llegar a un cierto nivel de profundidad, será molesto hacer preguntas acerca del contexto, ya que esto podría llevar a la soñadora de vuelta a la superficie consciente.

—Lo relaciono con mis padres, quizás –me responde–. Son más bien críticos. Juzgan a mi esposo, Karel. Karel se parece al otro pillo… Ellos siempre pasan revista a la gente. Nada es nunca suficiente. Dicen que Karel es un vago. Es exagerado. Aunque hay algo de verdad, sin embargo…

Ahora tenemos dos aspectos de «policía» en este nivel más superficial: los padres presionan y juzgan y la propia parte de Monique que también juzga, y que está de acuerdo con la opinión que tienen sus padres sobre Karel.

Para sentir más el lado que critica, pregunto:

—¿La policía te echa fuera de la calzada?

—¡Sí!… y me caigo.

Ha aparecido una implícita y subliminal conexión entre la policía, los padres, el criticar y el caer.

—Me siento forzada a ser conducida por la policía que está en la parte trasera del coche –recuerda Monique.

Al ir trabajando el sueño, siento una especie de opresión, que se instala a medida que entramos en el coche del sueño. Este aire policial es denso y lleno de compulsión. Espero.

—Me pregunto cómo puedo librarme de la policía –dice en voz alta.

—¿Cómo te sientes cuando lo haces? –pregunto haciendo mover la acción hacia adelante.

—Simplemente es maravilloso, una liberación real. Siento como si la opresión se disipara a medida que mi respiración se torna más fácil.

—¿Alivio? –pregunto.

—¡Sí!

Al utilizar la palabra holandesa *opluchting*, que significa «alivio» y que es la unión de dos imágenes, *op*, «hacia arriba», y *lucht*, «aire», he introducido una metáfora poética que es como una llamada a la atmósfera aérea del globo. Al principio, volar en el globo hacia arriba aparece sólo como una impresión sutil; más tarde, se convertirá en algo más corpóreo.

Pero quiero que sintamos otra vez la opresión del coche de la policía y el alivio al pensar en poder librarse de ella. Tenemos que experimentar las dos atmósferas, la tensión y el alivio, hasta que podamos sentirlas *visceralmente* como respuestas físicas distintas. Esto se puede conseguir al intensificar la presión. Lo podemos hacer al concentrar el enfoque en la imagen. La concentración del enfoque acumula una atención emocional en un solo punto. Este concentrado de emociones está acompañado por sus correspondientes sensaciones físicas.

—Es decir, que hay una gran tensión cuando la policía está detrás de ti.

—Sí, como una restricción a mi libertad.

—¿Cómo lo sientes en tu cuerpo?

Ella se sienta inclinándose, sintiendo la restricción.

—Así como me estoy sentando ahora…, como una camisa de fuerza.

Dejo que el sentimiento de la camisa de fuerza –lo que yo había sentido anteriormente, como una primera impresión cuando ella estaba en el coche con la policía– resuene algunos momentos a través de nuestros cuerpos. Después de un rato de concentración, la opresión es anclada como una sensación física en el cuerpo. Se siente, físicamente, como estar en el interior de una camisa de fuerza. Ahora importo las emociones correspondientes de los recuerdos de la vigilia a la atmósfera del sueño para amplificar la señal emocional.

—¿Conocías este sentimiento de camisa de fuerza? –pregunto.

—Sí, así es como me siento cuando no soy aceptada. Es un sentimiento muy fuerte que procede de mis padres. Ellos me juzgan. Soy hija única. Ellos tienen este ideal: arréglate bien, compórtate bien, qué pensaran los vecinos, una chica mona y educada con quien hablar…

Siento un dolor muy agudo que me atraviesa el vientre. Parece como una respuesta simpática a mi propio sistema de incrementar la presión que ella está experimentando mientras pienso en su restrictiva y dolorosa educación. Esta importación ha reforzado la señal de la camisa de fuerza.

—¿Cómo sientes tu vientre? –pregunto a quemarropa, a riesgo de ser intruso o de sugerir sensaciones que quizás no estén presentes. Le hago la pregunta directamente, pero en un tono que es concluyente. La presión va en aumento.

—Opresivo –replica–. Me asusta. El dolor está llegando.

Hemos alcanzado la esencia somática del sentimiento de la camisa de fuerza, del mismo modo que encontramos la esencia de la frialdad en el sueño del refrigerador. Se podría cortar la tensión que hay en la habitación con un cuchillo. Puedo efectuar otra vez la descompresión al utilizar la palabra *opluchting*, «alivio»; otra vez más vuelvo al momento, al instante anterior, cuando el uso de esta palabra nos brindó este alivio. Digo:

—Estás en el coche con la policía. Te sientes cogida en la camisa de fuerza y piensas «¿Cómo puedo encontrar alivio?». Esto nos ayuda a respirar. En el trabajo con sueños, vamos modulando la presión constantemente. Se hace para poder mantener un equilibrio entre el imperativo del propio trabajo de ir presionando cada vez más profundamente en las áreas más sensibles que la consciencia repele y la necesidad del soñador de sentirse seguro. De las profundidades del vientre, volvemos a la superficie.

—Sí.

Su voz vuelve envuelta en una respiración muy profunda.

—Trata de llegar al lugar del alivio.

Ha ocurrido la descompresión y no podemos perder del todo ni la presión ni el relax o, de lo contrario, perderíamos la proximidad de las sensaciones de la camisa de fuerza en el vientre.

—¿Puedes sentir la policía detrás de ti?

Con esta pregunta hago un movimiento que nos traslada el enfoque a la parte de atrás. La acción a nuestras espaldas nos hace sentir vulnerables, sin saber qué está pasando realmente. Nos separa del equilibrio.

—Están muy atentos. Quieren mantener la situación bajo control. Sienten que es difícil.

Ahora estamos los dos sentados con los ojos cerrados, concentrándonos en los policías de la parte trasera del coche. En este punto, intento cambiar la perspectiva, hacer el tránsito del ser del sueño al del policía del sueño.

—¿Se sienten frustrados? –pregunto.

—Sí, están frustrados porque ya no tienen el control de la situación.

—¿Puedes intentar sentir cuáles son sus sentimientos ahora mismo?

—Están muy inseguros. Porque esos pillos tienen alguna clase de armas. ¡Pum! –Hace un ruido como de disparo de arma.

—¿Cómo se siente ese miedo?

—Muy amenazador.

—¿Cómo lo sienten ellos?

—Es un signo de sus propias inseguridades.

—Necesitan estar seguros. –En holandés, la palabra «seguro» también significa «cierto»).

—¿Cómo es vivir con estas inseguridades inciertas?

—Muy inseguro. –Se ríe cuando dice «inseguro»–. Parece como una camisa de fuerza también.

—Así, ¿están ellos también en una camisa de fuerza como tú?

—Sí, pero mucho peor.

Monique se ha podido introducir en el interior de los policías mediante un uso activo de la empatía. Ha entrado en su atmósfera. Ahora lentamente se va convirtiendo en ellos, trasladándose desde la empatía a la identificación. De esta manera, la vida interior del policía es experimentada directamente.

—Vamos a continuar con esto –sugiero–. ¿Cómo se encuentran ellos en una camisa de fuerza? Tú eres un policía y ellos están sentados en la parte de atrás y tú estás controlando a los dos pillos y te sientes muy insegura. Ellos tienen una pistola.

Este movimiento de la empatía a la identificación se ve ayudado por mi ambiguo uso de la palabra *ellos*. El primer y segundo *ellos* aún se refieren a la policía, desde una perspectiva exterior; el tercer *ellos* se refiere a los pillos desde el punto de vista de la policía. Este uso ambiguo de los pronombres personales puede ser muy efectivo en la transición de la empatía a la identificación.

—Sí –concluye–. Estoy muy insegura y tú buscas seguridad ejerciendo el poder, a causa de tu propia inseguridad.

Su uso del pronombre *tú* –un término generalizado– nos muestra que la identificación de Monique con los policías aún no es completa. Para conseguir una completa identificación vuelvo a la experiencia somática.

Pregunto:

—¿En qué parte de tu cuerpo puedes sentir esta inseguridad (esta incertidumbre) que te hace querer ejercer tu poder?

Monique apunta a la parte baja de su vientre y, luego, a un lugar un poco más arriba, donde la incomodidad había sido localizada previamente.

—Aquí, y no allí –me dice.

La emoción de camisa-de-fuerza-parental-que-dirige-el-poder es ahora firmemente anclada como un dolor profundo en el vientre. El sentimiento ha hecho su aparición de una manera clara y reconocible como una sensación física que cada uno de nosotros siente en su vientre y es posible –de momento– tomarlo como un punto de referencia somático, una sensación con la cual explorar su vida cotidiana. Tanto exportar como importar son movimientos vitales en el trabajo con sueños. Exportamos el sentimiento esencial de la camisa de fuerza a su vida de vigilia para suscitar intuiciones nuevas. Estas intuiciones de vuelta nos traerán las emociones correspondientes que podrán ser importadas otra vez al mundo de los sueños.

—¿Conoces momentos en tu vida –pregunto– en los que, de repente, te conviertes en policía, donde te vuelves muy insegura y empiezas a ejercitar el poder?

—He sido extremadamente insegura, pero *no puedo* ejercitar el poder. En vez de esto me rindo totalmente. Me pierdo a mí misma.

—¿Cómo es sentir que te pierdes? –Aparentemente, existe una conexión entre la sensación de la camisa de fuerza y la pérdida de la identidad y del poder.

—Escalofriante.

La palabra holandesa usada es *eng*, que también quiere decir «apretado, estrecho», como una camisa de fuerza.

—Estaba muy deprimida y me marché de casa.

Lo que dice suena similar a la descripción que hace de su deprimido marido, Karel.

—Estaba con mi primer novio, pero no sabía si él iba detrás de mí o de mi madre. Era muy insegura. Me pasaba el día tirada en la cama, totalmente apática. No podía hacer nada. En un momento dado, pude volver a mí misma al observar muy cuidadosamente si me sentía fría o caliente. Entonces, pude volver a mis propios sentimientos. Luego, la relación se rompió y encontré mi propia identidad. Todo esto está relacionado con mi matrimonio con Karel. Funcione o no funcione.

Monique ha conectado su sentido de identidad con una experiencia somática –sentirse fría o caliente–, lo que me anima a continuar con mi acercamiento centrado en el cuerpo. Al mismo tiempo, el problema de siempre con su marido es visto ahora dentro de un contexto más amplio, el del complejo de la camisa de fuerza de los padres-pérdida de identidad-pérdida de poder.

—Esta apatía de la que hablas –continúo–, ¿es similar a la que tiene tu marido recientemente?

—Sí, es verdad –me confirma–. Él tiene una total falta de confianza. Ha perdido su identidad. Lo está pasando muy mal con mi embarazo y con el hecho de sentirse responsable de una familia.

En este momento, Monique se da cuenta de que no puede aguantar la apatía de Karel a causa de su propia tendencia hacia ella. Aquí hacemos una pausa.

Hemos experimentado la fuerza policial de los padres, a quienes juzga biográficamente, somáticamente y que aparecen también en la tensión matrimonial. Parece que hemos completado alguna pieza trabajando con la imagen de la policía. Es ahora tiempo de volver al sueño; pero, como en un concierto de música, siempre hay una pausa entre dos movimientos.

Decido reentrar en el sueño e ir a otro lugar relacionado una conexión entre la sensación de la camisa de fuerza y la pérdida de la identidad y del poder.

—Siento la rabia que se transforma en tristeza. Las lágrimas afloran a mis ojos.

—Hay tristeza –remarco.

—Inseguridad. –Empieza a llorar–. No hay bondad. Primero, mi madre que me quita el novio, luego mi padre. Todo esto duele.

Le permito sentir el dolor. Estamos en silencio. El dolor es muy agudo.

—Tengo ganas de un alivio momentáneo.

—¿Podemos ir al globo un rato? –pregunto.

Los dos nos reímos. La tensión se ha roto. La cara de Monique, que había permanecido desfigurada por el dolor, se aclara de golpe. Quizás, ahora, podamos sentir la rotura del globo después de haber experimentado la traición de su padre.

—Está hecho trizas–observo–. La vida también es eso una vez y otra. Estás sentada en un globo hecho trizas.

En mi anhelo de empujarla hacia el sentir de la rotura, añadí inconscientemente un disparo de pistola –que no aparecía en el sueño– que estaba a los pies del pillo en el coche de la policía.

—Me siento muy aliviada. Esto sube y sube. Me sienta bien.

En vez de sentirse incómoda, siente que sube y que sale fuera.

—¿Es como volar? –le pregunto–. ¿Como volar de la policía?

Mi comentario la hace sonreír. Hay más liberación, menos tensión. Me doy cuenta de que mi intento de llegar hasta los trozos rotos se ha acabado. Presionar con impaciencia, a menudo, conduce al extremo opuesto de lo que intentas obtener. Y, precisamente, no es presión lo que ella más necesita, después de una vida de haber sobreaguantado unos padres policías. Tenemos que volver arriba y reconstruir la tensión en un nivel más elevado de presión, llegar al punto donde los jirones del globo puedan experimentarse a sí mismos, lo que quiere decir efectuar un tránsito de Monique al globo destrozado.

—Quiero volver al momento en que estás hablando con el mayordomo. –Y vuelvo a empezar–. ¿Dónde está ocurriendo? Siento como si empezáramos desde el principio. Nos tenemos que sumergir por completo otra vez.

—Cuando entramos en la casa.

A causa de mi impaciencia, al presionar en los sentimientos de desgarramiento demasiado pronto, hemos vuelto a la superficie de la consciencia, teniendo luego que reentrar otra vez en la imagen. La espontánea emergencia del momento de entrada en el sueño es afortunada. En este punto, tenemos una discusión sobre la riqueza de la casa –no como característica biográfica– y de las expectativas de sus padres de que se convirtiera en una persona con éxito –de aquí su desaprobación de Karel– seguido por una exploración sobre diferentes maneras en las que la imagen del éxito y la riqueza le ayudan a evitar su sentimiento de inseguridad.

—¿Podrías decir algo sobre el traje de tres piezas? –pregunto.

—Cuando estaba en Alemania iba muy bien vestida. Pienso que me servía para enmascarar mi inseguridad. Cuando me siento bien vestida, me siento más fuerte. –Sonríe, un poco perturbada.

Después de unos cinco minutos más con esto, vuelvo a enfocar el sueño e iniciar el acercamiento final al globo roto. Llevamos cuarenta y cinco minutos trabajando y quiero acabar en menos de sesenta. Para ser realista, en esta sesión –hecha con el propósito de una investigación académica– no deseo emplear más tiempo del que utilizaría un terapeuta en una práctica normal.

—¿Así que el mayordomo ve que tú puedes irte?

—Sí, junto con el resto del personal.

—¿Es la primera vez que empleas sus servicios para escapar?

—No. Él me ayudó a escapar más de una vez. –Recuerda que al igual que en el sueño, el mayordomo ha sido una figura familiar en su vida–. En este momento me alegro de poder salir de esta situación tan sofocante. –Creo que estoy delante de un mecanismo de escape habitual que permite liberarse de este sentimiento de sofoco, y coger aire.

—¿Cómo es el globo?

—Es como una cesta grande. Es divertido, como unas vacaciones.

—Háblame sobre las vacaciones.

Monique se ríe.

—Lo dejo todo atrás.

Parece como si no le importara el mundo y se ríe otra vez. Quizás, como contraste, puedo hacerle sentir el sofoco que deja detrás del globo.

—¿Y el globo, está roto en pedazos? –me arriesgo a preguntar.

—Sí, la mitad. Sí, es lo raro. Está ondeando en el viento.

—¿Y el mayordomo y todo el personal son los que hacen el viento? ¿Cómo?

—Sí. Y no sé cómo. Creo que con máquinas muy grandes. Estaba muy bien organizado y justo a tiempo. Había mucha gente para desplegarlo.

Nos reímos. La risa en este estadio parece indicar que estamos alcanzando un material difícil, un material que quisiéramos echar fuera mediante la risa.

—Así que se necesita mucha energía para poder volar.

Parece que se necesita mucha energía para escapar. La totalidad del mecanismo de escape está organizada para que Monique vaya hacia arriba y hacia afuera.

—Sí, pero yo, precisamente, estoy en el ascensor yendo hacia abajo.

Se ríe dando a entender claramente que esto no le requiere ninguna energía. Ella está quieta. Es el personal quien hace todo el trabajo; ella no hace nada; ella es inocente. Hay una empática identificación con el sueño mismo, un esfuerzo inconsciente que pone a Monique a distancia entre ella misma y el complejo que, laboriosamente, mecánicamente, le permite escapar. Ella no es responsable por este mecanismo de escape, lo que indicaría que funciona de una manera autónoma, automática, habitual.

—En el ascensor yendo hacia abajo –lo repito para dar énfasis a este movimiento hacia abajo desde los altos vuelos del globo.

—Sí, continuamos bajando por algún tiempo.

—¿Cómo te hace sentir?

—Es una situación tensa.

—¿Te puedes concentrar en el ascensor mientras bajas?

—Siento presión.

—¿Cómo es esta presión?

—Sofocante. Sí, una gran presión. Pienso que me estoy poniendo enferma. Físicamente enferma. Sin poder.

—¿Has tenido alguna vez fases cíclicas en las cuales estás muy depresiva y, luego, muy encumbrada? –Quiero enfatizar el contraste entre arriba y abajo, manía y depresión.

—Las tuve. De una manera muy fuerte. Hubiera enfermado.

Me doy cuenta de que me está costando respirar. Siento como si la camisa de fuerza estuviera ahora dentro de mis pulmones.

—¿Cómo sientes los pulmones? –pregunto para comprobar si sólo me ocurre a mí o si es una respuesta simbiótica.

—¡Sofocantes! –Tose de una manera incontrolable.

—Ahora entiendo por qué tienen que hacer tanto aire –interpreto–, porque la presión es insoportable. De esta manera, consigues un poco de aire, pero, al mismo tiempo, te disparas. Empleo la razón para relajar la tensión, para sacarla de su ataque de tos. Lo que había previamente empleado de una manera implícita mediante el uso de la palabra *opluchting* (arriba, aire, alivio) lo desecho completamente ahora.

—En un momento dado, ya no vamos más para arriba. Ahora vamos de lado a lado. Esto es lo divertido. –Se relaja la tensión.

—¿Cuán alta estás?

—Como un árbol –dice, como apuntando desde afuera.

—Una cosa más –digo, al tiempo que recojo toda la concentración que puedo en mi voz–. Luego tendremos que parar –al decirle esto, le hago saber que sólo tendrá que tratar con mi pregunta por algunos momentos– por ahora. ¿Puedes sentir cómo es volverte en pedazos?

—Me resulta terrible.

—¿Cómo lo sientes? –repito, mientras siento la densidad del momento. Estamos en un espacio de realidad donde la experiencia es extremadamente concentrada.

—Como nada. –Se sienta con las manos en su regazo, con una expresión destrozada, vivenciándose aniquilada.

—¿Te has sentido alguna vez como nada? –persisto.

—Sí y entonces me pongo enferma. No enfadada, o algo así. Se ríe nerviosamente indicando que quiere dejar este gran mundo de los desgarros. Mientras ella experimenta la profundidad de su pena, mi vientre se siente en paz, por primera vez desde que me explicó el sueño.

—Vamos a parar aquí –le sugiero.

—Sí. Es asombroso el hecho de poder acompañarme de alguien en la experiencia de un sueño así. –Está agradecida. Probablemente tanto por el trabajo como por el hecho de haberlo finalizado.

Cuando, un año más tarde, me presentaron el texto del sueño traducido al inglés que los otros analistas habían recibido para su interpretación, allí sólo se hablaba de la mitad del globo sin ninguna mención sobre la otra mitad hecha pedazos.

Ella recordó este detalle sólo mientras recordaba su sueño desde dentro, mientras me lo explicaba. Formaba parte del sueño, simplemente lo había olvidado hasta aquel momento. El recuerdo del globo hecho jirones había sido reprimido.

Este trabajo con este sueño tuvo un peculiar final. Como si el sueño hubiera sido premonitorio, unos cuantos meses después, durante el octavo mes de su embarazo, un poco antes de la fecha prevista, Monique se levantó una mañana con la sensación de que algo no funcionaba. Su marido trataba de calmarla; él no quería que ella fuera a ver al sanador que había estado visitándola durante algún tiempo, además de los médicos que normalmente la trataban.

Pero ella confió en sí misma lo suficiente como para insistir y forzarse a ir a ver al sanador. Monique me escribió, después de leer el material y los comentarios que yo había enviado de vuelta a la investigación psicológica de la Universidad de Leiden:

> Este sanador me dice que mi intuición es correcta y que es importante inducir el parto lo más pronto posible. El ginecólogo y su asistenta toman ecografías, etc., pero no encuentran ninguna razón para inducir el parto más pronto, pero finalmente se decide seguir mi intuición y romper aguas. El cordón umbilical se rompe a la primera contracción. Después de leer su informe, siento una fuerte conexión entre el globo roto y la rotura del cordón umbilical.

Los médicos dijeron que si no se hubiera seguido la sensación de su propio cuerpo y de su instinto, el cordón umbilical se hubiera podido romper en el interior del útero, lo que hubiera supuesto la muerte para ambos, la madre y el niño. Era muy frágil antes del nacimiento.

—¿Ha experimentado alguna vez alguna clase de sensaciones en sí mismo que pertenezcan a sus pacientes? –pregunto mirando a Ilyatjari, lleno de expectación.

Consternación en los pitjantjatjara. Ilyatjari, el *ngankari*, mira confundido. Se entabla una intensa discusión entre él y Diana, nuestra intérprete. Ella se sonroja y mira con timidez.

—Es culpa mía –dice–. Te lo hubiera tenido que decir. Pero él no trata con cuestiones de mujeres, como embarazos. Esto es algo con lo que tratan las mujeres *ngankari*. A él le resulta muy extraño que tú sí te ocupes de ello.

Todos estamos desconcertados.

5

PISTAS EN LOS SUEÑOS

A medida que voy buscando otro ejemplo de comunicación simbiótica, todo lo que encuentro en mi mente es de color blanco. Me he
quedado tan perplejo con la respuesta de Ilyatjari que no sé qué decir.
Al final, me vino un ejemplo de un caso donde yo sentí en mi rodilla
una urgencia agresiva de dar una patada y, como consecuencia, descubrí una gran agresión escondida en el interior del sueño.

Ilyatjari, su mujer, Nganyinytja, y su cuñada hablan entre ellos.
No, concluyen, ellos no reconocen esta experiencia en la rodilla. Ellos
repiten su propia gramática simbiótica: temblor en la nariz por un
extraño, cadera por la esposa, parte alta del brazo por una tía o una
hermana, etc. No tienen esta clase de sensaciones en las rodillas. Tiene
que ser de mi idiosincrasia. No sé si ellos no me entendieron o si,
en realidad, no reconocen la marca de lo que llamo comunicación
simbiótica.

Hay un largo silencio.

Reagrupo mis pensamientos. Quiero saber más sobre la vida de
Ilyatjari como águila. Quisiera saber si esta experiencia es una especie
de sueño lúcido como mi sueño de la Academia de Leiden. Quisiera
averiguar si él sabe que está soñando mientras vuela como un águila
por la noche. Pero ¿cómo preguntarlo?

Lucidez, soñar mientras se está consciente del estado del sueño, es un
caso relativamente raro de una forma espontánea. En mi experiencia,
esto ocurre a una minoría de personas y de una manera poco frecuente.

Incluso con estos soñadores –los cuales entrenan su habilidad para convertirlos en lúcidos–, puedo imaginar que, de veinte años soñando durante toda una vida, los sueños lúcidos apenas cubrirían un mes. Desde que tuve mi sueño de la Academia de Leiden me he interesado en la lucidez por la oportunidad que me ofrece al experimentar la realidad absoluta del ambiente que rodea los sueños.

—¿Puedes preguntarle si sabe que su cuerpo está en la cama mientras está volando como un águila?

—Nadie puede robar a un *ngankari* mientras él está fuera. Esto es muy peligroso para el ladrón.

Parece como un *non sequitur*. Quizás su trance es tan profundo que ha de existir un tabú para protegerlo: mientras es un águila, es tabú. He hablado con nativos de Hawái sobre su sistema *kapu*, que da a quien está poseído un gran poder (*mana*) tabú (*kapu*) para el resto de los mortales. Él o ella no puede ser tocado o tocada, con el riesgo de la muerte instantánea para quien lo hace.

No considero la posibilidad de que el *ngankari* pueda, en realidad, irse volando fuera de la Vía Láctea. No puedo concebir un vuelo físico de águila. Creo que su vuelo a través de las estrellas ocurre en una realidad paralela: como la de la Ciudad de la Luz del *mundus imaginalis,* un mundo hecho de verdadera sustancia, la naturaleza de algo que es fundamentalmente desconocido.

Mis reflexiones tangenciales sobre *mana* y *kapu* no me dan nada cercano a una respuesta. ¿Cómo puedo moverme en el reino de la conciencia de Ilyatjari mientras vuela a través del cosmos?

¿Está por completo en el interior del mundo de las águilas o sabe que está existiendo en dos mundos simultáneamente –un mundo de águilas y un mundo de cuerpos humanos–? Voy moviéndome torpemente como buscando acercarme, cuando Ilyatjari rompe mis pensamientos.

—Ponme otro ejemplo –propone, curioso, sobre nuestra común e intelectual pregunta.

Decido explicarle el sueño de la última noche.

—Mi sueño de la última noche ocurre en mi casa, en Holanda. Estoy en la sala de estar con mi madre. Hay grandes puertas (no sé cómo describirle a un *ngankari* puertas corredizas francesas). Viene mi tío de otra habitación, se para en la puerta y la abre. Está vestido a la manera de los años veinte, con pantalones de golf, como si fuera carnaval. (Decido explicarle sólo lo que recuerdo con la esperanza de que Ilyatjari lo entenderá todo. Compadezco a la intérprete). Hay una discusión entre él y mi madre. Es sobre algo que él piensa que es divertido, pero que, en realidad, ofende a mi madre. Tomo partido por mi tío y me enfado con mi madre. Decido irme, y estoy a punto de hacerlo cuando me doy cuenta de que mi padre está en la entrada de la habitación. Sé que ha estado muy enfermo ya punto de morir y que no le he visto desde hace varios meses. Decido quedarme, tomo a mi padre por la mano, lo llevo al sofá. Me siento a su lado y lo abrazo y le digo lo mucho que lo quiero.

A medida que lo explico me voy emocionando como si estuviera en el sueño. Nganyinytja me mira con amor. Se me hace un nudo en la garganta. Mi padre había estado ausente de mis sueños desde hacía varios meses. Me doy cuenta de cuánto le he echado de menos.

Me voy recomponiendo.

—Ahora, mientras estaba soñando todo esto, yo estaba en Australia. Pero yo no sabía que estaba en Australia. Estaba seguro que estaba en Holanda. ¿Puedes preguntarle si él sabe que su cuerpo está durmiendo en la Tierra mientras él está volando en la Vía Láctea?

Diana se toma su tiempo cuando le traduce mi pregunta final. Otra vez parece haber alguna confusión.

—No puede viajar tan lejos –traduce Diana.

—¿Qué quieres decir? –le pregunto.

—Los sueños para él son como viajar. El alma viaja. Y él no puede viajar hasta Holanda. Es demasiado lejos para él.

He aquí un hombre que viaja al centro de la galaxia y, en cambio, Holanda es demasiado lejos para él. Ciertamente me siento lejos de casa.

—¿Tu padre está muerto? –me pregunta Nganyinytja.

Le digo que sí con la cabeza. Ilyatjari dice algo. Nganyinytja habla al mismo tiempo. Diana está aturdida.

—Él quiere saber más sobre tu pregunta. Quiere entender la pregunta acerca de cuando él vuela. Quiere saber si encuentras echas de menos. Dice que el sueño tiene que ver con el hecho de que tú no hiciste nada por el funeral de tu padre. Quizás no estabas allí y vuelve a recordarte que tienes todavía que hacer algún ritual.

Mi padre murió cuando yo estaba en el avión de vuelta a Holanda viniendo de Moscú, después de haber sido avisado de su ataque al corazón. Recuerdo a mi madre que al abrir la puerta me dijo: «Demasiado tarde, has llegado demasiado tarde».

Le hablo a Nganyinytja de estos recuerdos. Está emocionada. Hablamos más acerca de mi padre. Quizás porque en la noche anterior me enfrenté a mi madre, sigo ahora el interés de Nganyinytja y le pregunto sobre los rituales y funerales pitjantjatjara olvidándome de Ilyatjari y de nuestra indagación sobre la naturaleza de la conciencia de los sueños. Más tarde, aparece enfadado. Se podía cortar con un cuchillo la tensión entre ellos dos.

Sólo podemos sacar una conclusión: «El matrimonio es siempre igual dondequiera que vayas».

Nunca volvimos al tema de la naturaleza de la consciencia del águila de Ilyatjari. Él respondió a mi pregunta medio año más tarde, cuando les escribí a Nganyinytja y a él pidiéndoles permiso para usar el material que me habían presentado (creo que a los pueblos indígenas se les han de respetar sus derechos de autoría cuando presentan cualquier tipo de material a los occidentales). Mientras me concedían el permiso, Ilyatjari me señaló un error que había cometido: yo había descrito su vuelo como un Águila soñadora. Después de leerle el texto que yo había enviado, Diana James, nuestra querida intermediaria, me escribió de vuelta:

«No puede referirse al vuelo *ngankari* del águila –cuando lleva a la gente para curarla– como a un «Águila soñadora». Los no consideran que estén soñando cuando vuelan».

Cuando así lo hacen se refieren a ese método como *tjukurpa*: un ensueño del águila.

La segunda parte de su corrección resulta obvia inmediatamente: un ensueño en el sentido de *tjukurpa* se refiere a la creatividad activa de un ser primordial que lleva consigo la sabiduría y el paisaje. La tierra primordial, se cree, no tenía ningún rasgo. El paisaje apareció entre los seres mediante aventuras de ensueño como las de Ngintaka, el lagarto cuyas huellas del tiempo del sueño seguiremos más tarde. Comparables a las vidas creativas de los genios del sueño que se manifiestan en los mundos del sueño de las noches, soñar en el sentido *tjukurpa* retrata la vida de los genios creadores del espacio tiempo en el que vivimos mientras estamos despiertos.

Su primera corrección es más sutil, y, de hecho, responde a mi pregunta. No, su vuelo de águila no es un sueño lúcido. Es un movimiento en un tiempo y en un espacio diferentes del soñar ordinario. Esto ya parece más claro por el hecho de que el paciente también participa del mismo vuelo, por lo tanto, el *ngankari* y el paciente tienen una experiencia común. Dos personas que comparten un mismo sueño no es una experiencia onírica ordinaria. Yo, por ejemplo, nunca he encontrado una total e idéntica experiencia onírica compartida en la cantidad de personas que me han contados sus sueños. Similares sí; idénticas no.

Ahora, incluso puedo entender su extraña respuesta sobre el robo mientras él está volando, cuando le pregunté si sabía que él soñaba en su campamento mientras estaba volando como un águila. Por lo que a él le concierne, permanece completamente ausente del campamento mientras está volando como un águila. Existe un continuum sin costura entre un espacio-tiempo material y no material. El tiempo y el espacio son esenciales, la materia es incidental. Ilyatjari parece que no diferencia entre una presencia material y no material en el espacio-tiempo.

Nos retiramos a nuestros campamentos antes de que Nganyinytja nos guíe por el rastro de los sueños (*tjukurpa*) para seguir al lagarto (Ngintaka), cuya existencia primordial creó este paisaje.

Diana prepara esta salida con nuestros maestros de los arbustos para ayudarnos en la comprensión de la naturaleza del sueño y de los sueños de la naturaleza.

Mientras me acuesto, el sueño de la Casa Blanca y del no pterodáctilo vuelve otra vez a mí. Mi mente occidental se resiste a los pájaros ancestrales. Algo me está volviendo loco.

Encuentro algún alivio en el hecho de que formo parte de una tradición de analistas con temor a volverse locos a causa de una naturaleza salvaje ancestral. Lo que sigue es un extracto de las memorias de C. G. Jung: *Memorias, sueños, reflexiones* tomado del capítulo «Kenia y Uganda», un relato de la confrontación de Jung con lo ancestral en el corazón de África. Es 1925. Jung tiene cincuenta años.

Cuando el primer rayo de sol anunció el comienzo del día, me desperté. En este momento, el tren, envuelto en una nube roja de polvo sobre nuestras cabezas, bordeaba una escarpada pendiente de rocas rojas. Sobre un pico rocoso había, inmóvil, una figura delgada y negra, apoyada sobre una larga lanza, que miraba el tren. Junto a él se alzaba un enorme cactus en forma de candelabro.

Quedé fascinado por esta visión. Era una imagen extraña, jamás vista y, a la vez, como un *sentiment du déjà vu* muy vivo, la sensación de haber vivido ya este momento y como si hubiera conocido de siempre aquel mundo separado de mí sólo por el tiempo. Me parecía como si regresara al país de mi juventud y como si conociera a aquellos hombres de piel oscura que me aguardaban desde hacía cinco mil años.

La impresión que me produjo tan maravilloso suceso me acompañó durante todo mi viaje por la salvaje África. Sólo puedo recordar otra experiencia única del inconsciente, y ello fue cuando, por vez primera, junto a mi antiguo jefe, profesor Eugen Bleuler, observé un fenómeno parapsicológico. Antes había imaginado que si llegaba a presenciar algo tan imposible me desmayaría de asombro. Pero, sin embargo, cuando sucedió, no sólo me asombré, sino que me pareció un fenómeno totalmente normal, como si fuese para mí algo evidente y conocido desde hacía mucho tiempo. No sospechaba qué fibra de mi ser haría vibrar la visión del solitario cazador negro. Sólo sabía que su mundo era el mío desde hacía incontables milenios.

Algo somnoliento, llegué a Nairobi a eso del mediodía, situada a 1800 metros de altitud [...].

Desde Nairobi visitamos, en un pequeño Ford, los Athi Plains, un gran coto de caza. Sobre una baja colina en esta amplia sabana nos esperaba un panorama sin igual. Hasta en el más alejado horizonte se veían enormes manadas de animales: gacelas, antílopes, ñus, cebras, jabalíes, etc. En lento tropel, paciendo, inclinadas las cabezas, se movían las manadas, apenas se oía el melancólico chillar de un ave de presa. Era el silencio del Eterno Principio, el mundo tal como siempre había sido, en el estado del no ser; pues hace poco no existía nadie que supiese que se trataba de «este mundo». Me separé de mis acompañantes hasta que ya no les vi y tuve la sensación de estar solo. Ahora era el primer hombre en reconocer que esto era el mundo y que, sólo mediante su saber –en ese mismo instante– lo había creado.

Aquí vi asombrosamente claro el significado cósmico de la consciencia. «Quod natura relinquit imperfectum, ars perficit» –lo que la naturaleza deja imperfecto, lo perfecciona el arte– se dice en la alquimia. El hombre, yo, dio al mundo, en un acto creador imperceptible el último toque nada más, el ser objetivo [...]. La consciencia humana ha creado el ser objetivo y su significado y mediante ello ha hallado el hombre su puesto imprescindible en el gran proceso del ser [...].

[¿Es quizás ésta la Casa Blanca de la objetividad de la mente occidental de la que hablábamos, observando su pasado de una primordial y arcaica existencia?].

Nuestra vida de campamento fue una de las épocas más bellas de mi vida. Disfruté de la «paz de Dios» en un país todavía primitivo. Jamás había visto algo semejante: «El hombre y los demás animales» (Herodoto). Miles de millas me separaban de Europa,

¡la madre de todos los diablos, que aquí no podían alcanzarme! ¡Ni un telegrama, ni una llamada telefónica, ni cartas, ni visitas! Mis fuerzas anímicas liberadas refluían jubilosas en las lejanías del mundo primitivo.

La gente, en general, profesa el convencimiento de que el Creador lo ha hecho todo bueno y hermoso. Es, a la vez, el Bien y el Mal. Es *m'zuri*, es decir, «bello», porque todo cuanto ha hecho es *m'zuri*.

Cuando pregunté: «¿Pero, y las fieras malas que os matan el ganado?, dijeron: «El león es bueno y hermoso. Y: «¿Vuestras terribles enfermedades? Respondieron: «Puedes sentarte al sol y esto es hermoso».

Me sentí impresionado por este optimismo. Pero por la tarde, hacia las seis, esta filosofía cesaba, como descubrí pronto. Desde la puesta del sol impera otro mundo, el mundo tenebroso, el mundo del *ayik:* el mal, el peligro que causa el miedo. Desaparecía la filosofía optimista y comenzaba la filosofía del temor a los espectros y de los ritos mágicos que debían proteger contra las desgracias. Luego, con la salida del sol, sin contradicción interna, volvía el optimismo.

Mis sueños, durante todo el viaje, se aferraron tenazmente a su táctica para frenar al continente africano, ilustrándolos exclusivamente con escenas de mi país. De este modo, pretendía despertar en mí la impresión de que el viaje por África no era considerado propiamente como algo real, sino más bien como un hecho sintomático o bien simbólico, si se me permite expresarlo así, hasta el punto de personificar los procesos inconscientes. Esta suposición me fue sugerida por el hecho de la aparentemente deliberada omisión, incluso de los sueños exteriores más impresionantes. Una sola vez durante todo el viaje soñé con un negro. Su cara me pareció curiosamente conocida desde hacía tiempo, pero hube de meditar mucho hasta que logré recordar dónde le había visto. Finalmente me acordé: ¡Era mi peluquero de Chatanooga en Tennessee! ¡Un negro americano! *En la historia del sueño aplicaba a mi cabeza unas enormes tenacillas para rizar, incandescentes, quería hacer mis cabellos «kinky», es decir, que deseaba endosarme cabellos de negro. Sentía ya un calor doloroso cuando me desperté con una sensación de angustia.*

El sueño me pareció una advertencia del inconsciente; pues afirmaba que lo primitivo constituía un peligro para mí. Entonces estaba, por lo visto, muy cerca del *going blak*. Había tenido un ataque de *sandfly fever* que pudo haber debilitado mi resistencia física. Para llegar a imaginarme un negro amenazador había sido necesario movilizar un viejo recuerdo de doce años atrás –sobre mi peluquero negro en América–, para que nada recordara lo actual.

El verdadero contenido del sueño correspondía, por lo demás, a la experiencia que se había tenido ya en la primera guerra mundial: los soldados en el frente soñaban menos con la guerra que con su casa. Entre los psiquiatras militares regía como principio sacar a un hombre del frente cuando soñara demasiado con escenas bélicas, pues entonces no tendría ninguna defensa psíquica frente a las impresiones del exterior.

Paralelamente a los sucesos en el sugestivo ambiente africano, en mis sueños se siguió y se mantuvo con éxito una línea interior. Se trataba de mis problemas más personales. De estos hechos no podía extraer otra conclusión que no fuera la certeza de que mi personalidad europea se mantendría íntegra en cualquier circunstancia.

El viaje me pareció ser menos una investigación de la psicología primitiva que la algo penosa cuestión de tener un objetivo: ¿qué sucede con el psicólogo Jung en el África salvaje?

Quiero mirar el sueño de Jung desde el punto de vista del «barbero de Chattanooga, Tennessee». Él ve un hombre blanco con el pelo corto, pelo blanco lacio, un hombre viejo. El barbero negro del mundo del sueño de Jung quiere que Jung tenga el pelo como él, que tenga una cabeza como él: que piense como él, que tenga una visión del mundo como él. El barbero sabe que el mundo de lo desconocido está lleno de demonios y de espantosas fuerzas superiores al hombre, «el oscuro mundo de *ayik*, del mal, del peligro, del miedo». Fuerzas que penetran en nosotros por su voluntad, que pueden manifestarse en nosotros mismos si ése es su placer, que pueden torturarnos si lo desean. Viven alrededor nuestro; y no como los hombres occidentales quisieran, bajo nuestras calaveras. El hombre blanco quisiera expulsar esto de su cabeza.

Si hubiéramos trabajado el sueño de Jung, habríamos escuchado las razones de éste en su defensa contra el hombre negro. Por asociación, él se sentía en un estado de guerra en el interior de su mundo ancestral, en una «defensa psíquica contra lo que viene de fuera», una repetición de la gran guerra mundial acontecida siete años atrás. Hubiéramos sentido el peligro y el miedo.

Entonces hubiéramos tenido que poner nuestra atención en el sueño del barbero, un doble del africano que es detallado como «una imagen de algo totalmente ajeno y fuera de la experiencia», pero, por otro lado, provocando un intenso sentimiento de *déjà vu*. Tendríamos que observar sus movimientos, su manera de caminar en su barbería de Tennessee, cómo era la atmósfera en la barbería, cómo sentía esa atmósfera, como la sentía en su cuerpo.

Luego, hubiéramos tenido que entrar en el deseo de rizar el pelo del hombre blanco. En cómo esas gigantescas y brillantes tenacillas de acero se sienten en la mano. ¿Quería poner en peligro al hombre blanco? ¿Qué quería en realidad? Quizás quería comunicar algo. Alguna tremenda cuestión que está al rojo vivo. El hombre blanco está aterrorizado, el mundo del sueño de Chattanooga se desintegra y el hombre blanco se despierta enfermo en África, la tierra del nacimiento de la humanidad, esperando su retorno desde hace más de cinco mil años.

El encuentro con la consciencia ancestral aterroriza. Amenaza con quemar la recta mente blanca.

Aún falta media hora antes de partir hacia el sendero del sueño. Cierro los ojos y me quedo medio dormido.

En el otro mundo soy conducido a un lugar más abajo del sendero del sueño. La aleta dorsal de un tiburón está siguiendo a mi mujer. Es el familiar triángulo negro de los tiburones, que ahora cruza su camino en las arenas del desierto de color camello. Asusta mucho. Podría empezar a gritar.

Un cambio de mundos: en otro mundo, uno de mis estudiantes está muy preocupado por los cambios que ocurren en mi manera de trabajar. Está molesto porque he enseñado de una manera y ahora cambio de parecer, cada cual puede hacer su trabajo como quiera, le digo…

Mi mentalidad de estudiante permanece inquieta. Mi mente está cambiando.

Los niños están jugando. El niño rubio blanco está envuelto en una manta amarilla, como un fantasma en una obra de teatro medieval. Está rodeado por diez niños pitjantjatjara. Se dan empujones y se ríen con ganas. Piernas delgadas y narices moqueantes nos siguen, mientras paseamos un poco fuera del campamento, durante algunos minutos antes de iniciar la pista del lagarto, cuyo sueño trajo a la existencia esta tierra iluminada por el sol, de escuálidas montañas que flotan en un océano plácido de rocas de color rojo y de árboles secos.

Antes de que los ancestros del sueño –como los lagartos Ngintaka– llegaran, la Tierra estaba apagada y sin forma. El paisaje australiano apareció porque los antepasados de otro tiempo lo soñaron. Ellos se desplazaban por entre medias del mundo de los sueños, el llamado ensueño o *tjukurpa*. Tenían aventuras que escribían en el paisaje como un texto para aquellos literatos que podían leer las huellas de los sueños. El paisaje es como un diario de sueños que los habitantes del tiempo del sueño guardaron como un recuerdo solidificado en las piedras, convirtiendo sus hazañas en algo eternamente presente.

Al seguir la pista de Ngintaka, el lagarto *(Perentie varanus gigantus)*, entramos en el mundo que él dejó para ser recordado. Y ésta es la labor que tiene que recordar el pueblo aborigen; de lo contrario, el ensueño muere fuera del paisaje. Algo que ya ha ocurrido en la mente occidental. «Para la conciencia occidental –dice el doctor David Tacey–, el paisaje es aparentemente yermo, vacío, sin vida. La mirada intelectual de Occidente sobre el paisaje, o la experiencia que tengamos de este paisaje, está totalmente construida. Todo lo que sabemos, de acuerdo con nuestra posición intelectual, son nuestras propias imágenes internas que proyectamos de una manera antropomórfica en la faz de la Tierra. Por lo tanto, la Tierra misma lleva o carga con nuestra propia cara. Una de las premisas básicas occidentales es la de que todo aquello que está más allá de lo humano no tiene alma».

No es así para Nganyinytja. Ella es responsable de la Tierra. Hasta que tuvo doce años, ella y su familia correteaban por los desiertos sin haber visto nunca a un europeo. Ahora, a los sesenta, está viviendo una vida que se remonta eones atrás. Su familia tenía que cuidar esta Tierra, afirmar el paisaje con sus cantos, de manera que pudiera reflejar su existencia.

Las montañas calladas nunca cambian. Quien entra en el paisaje entra en su imaginación, en su atmósfera, en su historia. Seguiremos al lagarto *Perentie,* Ngintaka, y nos encontraremos nosotros mismos dentro de la imaginación del ensueño de Ngintaka, Somos parte de su ensueño. Él es el «yo» del ensueño que vive la historia en la que nosotros participaremos a lo largo de cuarenta quilómetros a través del territorio ancestral que, Nganyinytja, ahora administra.

Es una experiencia insólita estar dentro del sueño de otro, especialmente si este otro es un lagarto. Mi ego occidental protesta. Tiene que ser siempre el centro de su propio ensueño. Insiste en tener siempre la perspectiva de quien posee la experiencia. ¿Quién querría ser un extra en la imaginación de un lagarto? ¿No había sido contratado para ser el líder?

Como la proa de un barco, un gran canto rodado rojo navega entre las olas de las piedras que se rompen como crestas de hielo. Allí donde la proa se encuentra con las rocas que la rodean se forman dos pequeñas cuevas. Nganyinytja y su cuñada prorrumpen en un canto, la música de los tambores se une al ritmo de los latidos del corazón. Las voces son nasales como el paisaje y llanas, con subidas ocasionales en la cúspide del contrapunto.

Diana traduce. «Ngintaka está en aquella cueva de allí, echándose una siestecita». Se da cuenta de que lo hemos estado siguiendo hasta aquí. Oye cómo los otros hablan de él. Aparentemente hemos entrado en la historia por la mitad, como correspondería a un sueño, que es discontinuo por naturaleza. El ensueño es una colección de momentos.

Estamos delante de un momento paranoico en el paisaje: una caza. «¡Están hablando de mí!». Ngintaka se siente amenazado.

En este instante, nuestros guías cantan y danzan para dar vida a la experiencia interior de este lugar. Trabajan con el sueño de Ngintaka –de la misma manera que nosotros lo hacemos–. Reviven la caza y el significado de este lugar los transforma. ¡Ngintaka vive! Estamos en su sueño.

A diferencia del taxista en mi sueño lúcido de la Academia de Leiden, parece que acepto que vivo en el sueño de otro. El desierto salvaje empieza a entrarme.

La vegetación cambia. Los árboles de alrededor nuestro se tornan altos a medida que el Toyota va dando sacudidas a lo largo de una carrera invisible a través de esta tierra agreste. Me encanta conducir por este terreno. A nuestra izquierda vemos un camello salvaje haciendo pastoreo en un lago casi seco. Una tierra llana con un riachuelo lleno de lodo, donde los pájaros baten su pecho entre rojizo y violeta, es todo lo que existe en el patio de recreo de Ngintaka. Aquí, detrás de las montañas, esquivando a sus perseguidores, ha ocultado su robada magnificencia –aparentemente se había apoderado de una desgastada piedra plana, al notar la apasionada persecución: «¡Seguid a este Ngintaka!»– y, una vez aquí, en este lugar seguro, va relajándose, jugando, revolcándose en el barro y creando un lago de sal con su cola. Podría tener una visión e imaginar un *Perentie* gigante dando vueltas a su vientre como un perro en la nieve o como un cerdo en el lodo. Se puede palpar la placentera sensualidad del lugar.

En la parte más alejada del «lago», la hierba coloreada de heno está negra, quemada. Ilyatjari lo hizo hace un mes. Lo hace antes de las lluvias, así el pasto puede crecer verde otra vez y los canguros se pueden alimentar. Esta ecoadministración no es ni más ni menos importante que la canción que ahora nos recuerda el placer de Ngintaka.

Casi lo puedo sentir en mi piel. Los chasquidos, altos y claros, de los palos de la música de las mujeres, cantan la canción del batir del corazón. En el interior del sueño de Ngintaka, el cuerpo ronronea con bienestar. El pastoreo calmado del camello parece darse cuenta de esto, a medida que va masticando lentamente. Nos encontramos un lugar seguro para todos. Recuerdo que en la mayoría de los sueños existe un lugar seguro alrededor, en alguna parte. Si estuviera trabajando con el sueño de Ngintaka, estoy seguro de que éste sería el lugar por donde empezaría, antes de entrar en la cueva de la paranoia. El paisaje se convierte en una práctica de sueño.

Por el lado de las colinas sobresalen las rocas. Una roca horizontal hace una reverencia como si se inclinara para formar un triángulo apaisado que está reposando en su espalda. Son la cresta y la barba de Ngintaka. Aquí se para y se convierte en piedra. Ha tenido que ir a cazar y a capturar su presa alrededor de estas colinas. Ahora, después de cenar, holgazaneando de un lado a otro, se limpia los trozos de carne que le han quedado entre la barba y se arregla: «¡Qué tío más chulo que soy!».

¡Qué placer que el paisaje pueda ser vanidoso! Podemos reconocernos en él y reírnos. Aplaudo con entusiasmo con los ritmos pitjantjatjara. La vanidad es un elemento salvaje. Este viejo pecado mío, no es sólo mío.

—La historia de la creación está en la Tierra para enseñar a la gente –explica Nganyinytja. Lo entiendo–. Desde el principio de las canciones –continúa–, los diferentes pueblos tienen la responsabilidad de permanecer en su lugar, para mantener viva la tierra. Éste es el linaje de canciones de mi familia, del lado pitjantjatjara, desde aquí hasta donde Ngintaka muere. –El movimiento de sus brazos es arrastrado y elegante, así como sus gestos que se extienden hacia su tierra–. Más abajo, hacia el sur, allí donde Ngintaka robó la piedra, es la tierra de los yankunytjatjara. A partir de allí, la responsabilidad de conservar la tierra vital junto con sus canciones es suya. Y lo mismo con los siguientes y con los siguientes… y así se conserva vivo el país entero.

Con esto, ella no quiere decir que varios pueblos diferentes conserven viva una historia o una tradición. Ellos conservan vivo el país junto con sus canciones. El país también es un ser vivo que debe ser nutrido con canciones y con danzas. Ahora entiendo por qué los sueños con canciones y con danzas son los que más comúnmente recuerdan los pitjantjatjara. Estos sueños revitalizan el cosmos. Tienen que ser recordados y enseñados, para poder fundirse con los sueños de la gente.

En este punto donde las montañas son muy poco elevadas, el coche se detiene. Nos dirigimos hacia una insólita columna vertebral llena de rarezas, cantos rodados de color gris-ocre perfectamente redondos, como si hubieran sido modelados por los humanos, pero como si aún no estuvieran acabados. Son asombrosamente iguales que la piel del *lagarto Perentie*. Ngintaka.

—Estas rocas sólo se encuentran en este pequeño corredor de aquí arriba –Diana explica las palabras de Nganyinytja, con acento australiano–. Aquí, a Ngintaka le entran náuseas. Hace unas danzas y luego vomita. Vomita las semillas de baya de muérdago y también las semillas de hierba. Estas últimas las vomita en otro sitio. Por eso tienen estas marcas en su piel. Son las semillas de los frutos que han comido.

Nganyinytja señala una gran piedra con unas marcas impresionantes de piel de *Perentie,* y un lugar donde las marcas habían sido claramente frotadas con otra piedra.

—El padre de Nganyinytja la trajo aquí cuando era una niña –me dice Diana– para enseñarle cómo moler esta piedra marcada con otra más pequeña. Esto tiene que hacerse cada primavera antes de que vengan las lluvias para asegurar muchas semillas de muérdago.

Me sorprende que las piedras que parecen piel de lagarto sean semillas y no el mismo Ngintaka. Parece que las semillas se han convertido en parte de él. Todas las que han sido utilizadas han estado, primero, dentro de Ngintaka. Su sueño las preserva. Cada semilla tiene su lugar en el orden de ser de Ngintaka.

Las mujeres bailan la danza del vómito. Hacen pequeños saltos y, mientras sus brazos se balancean como péndulos, rítmicamente estiran y encogen los dedos con las manos abiertas, llevando un movimiento como de siembra. Esto recuerda la manera en la que Ngintaka arroja las semillas. Es una danza de mujeres. Mi mujer y mi hija encuentran gracioso que la danza que aprenden en el Centro sea la danza del vómito.

Una gran piedra más alejada del camino es la cola de Ngintaka, justo al lado de lo que, claramente, parecen sus huellas. Las apariencias en el paisaje son coherentes con las historias. No me sorprende que un grupo de cantos rodados se convirtieran en cebollas salvajes, en el estilo Ngintaka.

Finalmente, llegamos al punto álgido de nuestro viaje: entraremos en el vientre vacío de Ngintaka. Señalan la cueva en una roca semejante a un canto rodado. Trepamos y entramos.

Me quedo desconcertado. Esto es obviamente la boca de Ngintaka. Se puede ver su glotis suspendida. El final de la gruta está pintado con símbolos que explican la historia.

Las pinturas más recientes son las del hijo de Nganyinytja y Ilyatjari. Cada generación pinta de nuevo.

Christopher, de seis años, reúne pequeñas ramas. En el vientre vacío de Ngintaka tenemos que hacer fuego para tener luz. Con la luz procedente de un rayo como una chimenea encima de nosotros, resulta fácil hacer de espeleólogos de Ngintaka. Aquí está el vientre vacío después del vómito, pero antes de morir… Ngintaka va a morir más abajo. ¿De hambre, de sed, de vacío? ¿Por qué agonía está pasando? Escalamos a través de su vientre para encontrar una vista espectacular sobre el desierto, allá abajo. Las lluvias han enverdecido el paisaje. Respiro profundamente después de venir del interior del lagarto.

Cuando volvemos al campamento estamos cansados. Diana hace té y nos explica que una mujer tuvo unas náuseas muy fuertes en el camino de Ngintaka y tuvo que volver a Alice Springs. Me río benevolente con una identificación histérica. Nos vamos pronto a la cama. Sueño.

Estoy con un grupo queriendo entender el soñar. Parece que hay un grupo antiguo y un grupo nuevo. Formo parte del grupo antiguo y tengo unas náuseas terribles. Recuerdo el vómito del sueño de Ngintaka. Y también la danza del vómito.

Me despierto y salgo rápidamente de mi saco de dormir para no vomitar allí mismo. Me siento muy mal, como en el infierno. Me doy cuenta que aún estoy en simbiosis con Ngintaka. O quizás me siento enfermo porque elegí el viejo orden en vez de participar del nuevo: prefiriendo el viejo y blanco orden de Jung en la silla del barbero en vez de la oscura voz de lo salvaje.

La náusea se retira. Miro arriba y veo las nubes encima de mí. Un águila gigante con unas alas de envergadura cruzando el cielo entero vuela encima de mi cabeza. Después de observarla durante algunos segundos, desaparece. No hay nada en el cielo, ni remotamente, que tenga la forma de este pájaro que acabo de ver. Luego aparece un relámpago y empieza a lloviznar. Me levanto a cubrir nuestras pertenencias.

Ésta es nuestra última noche en el desierto. No me vuelvo a dormir después de esto. Empieza a llover y oigo el alboroto del campamento aborigen. Parece que se disponen a partir y entran en el coche. Oigo gritar a los niños y luego escucho cómo se van. Los echo de menos intensamente. Aún quería hablar para explicarle cómo entiendo el soñar. Que el vómito vive en la Tierra y que, cuando conectas con el lugar, la náusea es el sueño. La náusea pertenece al espíritu del lugar.

Gracias a Dios que vuelven. Me siento mucho mejor. Voy hacia ellos a contarles mi sueño y a darle a Ilyatjari mi libro *Dreaming with an AIDS patient*. Su hijo Jonathan puede leer inglés. Por algún motivo quiero que Ilyatjari lo conozca.

Cuando le explico lo del águila, dice: «Un espíritu muy fuerte». Me pregunta si había podido ver la parte de atrás del cuello, ya que los *ngankari* guardan su propia cabeza. Le respondo que no. Sonríe y empieza a toser terriblemente. Tiene un fuerte enfisema. Siento mucho afecto por él. Había tenido este encuentro con Ilyatjari, el hombre-águila de pelo blanco para ser un catalizador en la reaparición de mi padre, en los sueños que había tenido en el desierto, y en los que siguieron.

Cuando partimos, me ruega que vuelva y que traiga a más *ngankari* como yo.

Mundos aparte, somos colegas.

6

PRÁCTICA DE SUEÑOS 1:
CAMBIO DE ESTACIÓN

(Vuelta atrás, julio, verano, unas semanas antes de mi agosto de invierno en Australia. Un cambio de estación iba a ocurrir en mi vida, y también para la mujer que nos presentó su sueño en la sala de las calderas en el Instituto Omega, en el estado de Nueva York. Lo que sigue es una reconstrucción basada en una grabación de audio).

Éste es uno de los días más calurosos que recuerdo, tenía lugar el trabajo práctico con sueños para terapeutas, trabajadores de sueños y otros amantes de lo onírico en una habitación totalmente expuesta al sol. Empezamos con muchísimos participantes, treinta y ocho, pero el calor nos redujo a veinticuatro, una cantidad ya más manejable. Nos moríamos de calor –una mujer anuncia que había tenido un sueño sobre hielo la noche anterior–. Con la esperanza de refrescarnos, tomamos su sueño como material de trabajo.

La había conocido anteriormente y sabía que se recuperaba de una seria dolencia que le había tomado un puñado de años de su vida. Me había escrito sobre su enfermedad, síndrome de fatiga crónica, y me dijo que, más tarde, había sentido que empezaba a controlar la enfermedad, estaba más activa.

Escuchamos el sueño como si nos lo explicara en presente.

Lo explicaría dos veces, a fin de escucharlo la primera vez con medio oído y, con el otro medio, escuchar nuestras propias respuestas.

—Estoy caminando por una calle, por la acera –empieza–. Un temblor me recorre la columna, del sacro hacia arriba. Luego siento frío y náuseas.

—Hay grandes plazas muy marcadas y líneas en las aceras. A mi izquierda veo un parque; hay muchas sombras. Es un parque de una ciudad, como el Central Park, pero no tan de ciudad. Es un parque grande. A mi derecha hay una calle. La calle hace una gran curva y, más abajo, un banco. Es hacia final del invierno o a principios de la primavera, me doy cuenta del hielo y del agua en la calle de mi derecha. Los bloques de hielo se están rompiendo como un río, mientras el agua baja por la calle. El hielo se está derritiendo. Voy caminando y mi perra viene hacia mí cruzando la calle. Me preocupa un poco, pero ella va con cuidado. Se dirige hacia mí y nos metemos en la furgoneta que está al final de la calle, en la acera. La calle hace una curva y hay una especie de bifurcación o algo así al final del paseo. Nos volvemos al coche y nos vamos.

—¿Y éste es el final del sueño?
—Sí –replica.
Me viene una punzada de pánico con la sensación de no saber qué narices hacer con este sueño. Tengo esta sensación cada vez que trabajo con uno, pero también, cada vez que engaño las defensas de la rutina contra esta horrible incertidumbre. Aunque tenga la convicción de que otras veces pasó y pude hacer el trabajo, esta vez no emergerá nada. El no saber tiene una manera especial de filtrarse por las grietas de mi inseguridad.

Durante algunos minutos estoy enojado conmigo mismo, preguntándome por qué me expongo a estas sensaciones desagradables de inseguridad. ¿Por qué, en nombre de qué Dios, trabajo con sueños? Todo lo que puedo hacer es esperar hasta que pase este pánico inicial de la entrada del soñar.

Mientras espero, paso revista a las reacciones corporales que el sueño me ha producido. Había habido un temblor, al principio, acompañado por una sensación de frío. Y luego, las náuseas. No tengo ni idea de lo que esto quiere decir. Únicamente observo cosas sobre mí mismo, cosas que me pasan. Mi atención se ha dirigido al temblor porque lo sentí antes de que mencionara el hielo, como si mi cuerpo recibiera la atmósfera del sueño un momento antes de que fuera verbalizado. En ese momento debo haber estado muy cerca del sueño.

A juzgar por la intensidad de mi respuesta física, debe de existir un gran alboroto en la «atmósfera del hielo». Será mejor no empezar por aquí. De repente, mi terror a lo desconocido se ha sentado en el asiento de atrás. A medida que me voy preparando para la expedición al desierto, todos los sistemas están en alerta.

No es necesario empezar a trabajar en un sueño por el principio de la narración. Estoy más interesado en la vida salvaje que existe junto a la narración. La «historia del sueño» es explicada por el ego despierto que toma una banda muy fina de consciencia: una grave limitación, considerando el hecho de que es sólo una de entre muchas formas de conciencia de las que comprende la totalidad del soñar. Sería como escuchar una sola emisora de la banda de AM, cuando sabes que hay muchas y diferentes emisoras emitiendo consciencia en diferentes bandas.

No empezaré este sueño por el principio, después de esta fuerte experiencia con el rompimiento del hielo en la calle helada. En este caso, quiero trabajar el sueño por detrás, empezando en el lugar de la perra antes de enfrentarme al hielo. Comenzaré por las sensaciones relacionadas con ella, que parece ser un familiar cercano a la soñadora. Los perros son fieles ayudantes en proteger lugares seguros, por lo que es factible usar esa seguridad en caso de que tropezáramos con algo alarmante. El paisaje de hielo puede causar espanto. Prefiero tener la ayuda antes de entrar en la congelación emocional.

—¿Cuándo viste a la perra por primera vez? –pregunto–, ¿dónde la viste?, ¿es una perra?

—Sí. La veo por primera vez cuando cruza. Está muy cerca, en el extremo del banco, pero aún está cruzando la calle. Éste es el punto que más me asusta de todo el sueño. El lugar que me produce más terror. Siento un intenso miedo en el pecho.

Me vuelvo al grupo al que meticulosamente he puesto al corriente de cada fluctuación de mi proceso interior, esto es una práctica, en un intento de conectarlos con la vida interior de los sueños.

—Pues ya veis, toda mi estrategia parece ser incorrecta. Pensé que el lugar de la perra podría ser un lugar seguro para empezar…, bueno, no importa. –Risas. Yo río tímidamente. Como una veleta, me dejo llevar en cualquier dirección.

—Entonces, ¿qué te ocurre en el pecho, a medida que la perra viene?

—Cuando viene me preocupa realmente que vaya a atropellarla un coche. Es una calle muy concurrida y ella cruza por entre medias de los coches. Tengo miedo por ella.

Me doy cuenta de que tiene problemas de respiración. Hago una pausa mientras ella continúa haciéndolo con temor. Espero a que esta experiencia psicofísica del miedo se grave en su memoria. La relación entre miedo y respiración se aloja en su pecho: la intensidad de la concentración crea una consciencia en el pecho. La experiencia corporal del miedo en el pecho emerge a la consciencia.

Cuando siento que la consciencia del miedo en el pecho se ha debilitado, me relajo.

—Continúa respirando y estate con tu sueño.

Ahora vuelvo a tejer la vida despierta, trazando una línea en los límites de lo familiar con una comunicación en dos direcciones: exportar la vida de los sueños a la consciencia e importar la familiaridad de la vigilia al sueño.

—¿Es éste un miedo conocido?

—Sí. Precisamente este fin de semana la he dejado por primera vez desde hacía mucho tiempo. Pero es un miedo conocido.

—¿Es la sensación de que la vas a perder?

—No tanto de que la vaya a perder como de que se morirá. Ya tiene doce años, y la he tenido desde siempre.

—¿Y es una gran amiga?

—Sí, es una de mis mejores amigas.

Hay un gran silencio mientras ella siente la proximidad de la muerte y la pérdida. Se percibe una emoción muy intensa en la sala. Todos podemos sentir la atmósfera de muerte y soledad que parece ser el clima de este territorio. Es como si nos hubiéramos caído en un valle húmedo, como un valle de lágrimas. Y nos va empujando más abajo. Puedo sentir la fuerza del empuje.

—Vamos a movernos un poco más –sugiero–, así podremos coger más profundamente la imagen. Estamos en una bajada emocional. Vamos a ver qué ocurre ahora.

—La perra no está preocupada del todo. Está muy relajada, tiene la boca abierta y sonríe. Está jadeando. Tiene un buen ritmo, está viniendo por entre los coches y entre el agua. Se desvía un poco del camino hacia el banco.

—¿Está helado allí o no? –pregunto para poder ir introduciendo las congeladas tierras del alma.

—La calle está helada, pero cuando ella viene hacia el banco, ya no lo está tanto. Aún está mojado. Está húmedo. Pero el hielo está en la calle. Ella va caminando a un lado. Camina con gracia y con cautela. No hay nada preocupante en su manera de caminar. Parece como si lo estuviera pasando bien, dando zarpazos en el agua cuando viene hacia mí.

—¿Dices que tiene la lengua afuera?

Quiero sentir desde dentro cómo siente el movimiento, cómo experimenta la perra la realidad que la rodea. Ya que la parte más sensible relacionada con la experiencia de la perra es el pecho de la soñadora –allí donde ella sintió la pena y donde se le cortó la respiración cuando sintió la pérdida–, intento hacer un tránsito a la perra por la vía de la respiración.

—Su boca está abierta. No tiene la lengua afuera. Tiene una expresión sonriente y relajada. Su lengua no pasa del final de su boca. La tiene suspendida.

—¿Puedes darte cuenta de cómo respira?

—Respira de una manera muy muy regular. Más rápida de lo que yo lo hago, pero muy normal para ellos.

—¿Puedes sentir su respiración? –Me doy cuenta de que mi voz va aflojándose, convirtiéndose casi en un cuchicheo, muy audible, pero intensamente suave.

—Hum –asiente, mientras percibe la respiración del perro.

—¿Su lengua?

—Hum –expresa sintiendo la lengua del perro.

—¿Cómo te hace sentirla, esta respiración y su lengua?

—Guapa, feliz. Está perdida en su boca. No hay nada intencionado.

—A medida que se va moviendo entre el tráfico, ¿qué le va ocurriendo? Intenta sentir su respiración y su lengua.

—Está fluyendo. No conscientemente, pero de una manera *serependista*. Fluida con sus propios movimientos y con el tráfico, o sea, que no hay nada que la entorpezca. En algún momento pasa muy cerca de las ruedas de un coche, pero se aparta a la derecha justo antes de que apenas la toque. La fluidez de la perra-amiga puede ser sentida por todas partes.

—Entonces, ¿no está preocupada?

—No. Sabe dónde está yendo. No lo siente como una elección. Está justo en el momento.

—¿Cómo se siente el estar en el momento?

—Suelta, muy suelta. Con gracia. Siento mi cuerpo. Siento el interior de mi piel. Siento el peso de mi cuerpo, el calor, la temperatura y una sensación de flojedad.

—¿Qué sientes en la columna? –pregunto, ya que yo siento un dolor alrededor de la parte más estrecha de la espalda, uno de mis lugares más sensibles (también conocido por mal de espalda). Este dolor no había estado allí unos minutos antes. Me pregunto, por lo tanto, si mis síntomas tienen alguna relación.

—Está floja. No puedo sentarme recta, aunque lo quiera. Hay una parte en mi columna, donde están estos dos puntos en la espalda, un poco más arriba, allí donde se estrecha, hay una vértebra que está cogida.

Agradezco la buena fortuna de haber elegido una soñadora con tanto detalle, con un gran conocimiento interno de su cuerpo. Algunas personas con una enfermedad física seria han desarrollado un detallado sentido interior para poder navegar por ese peligroso terreno de la enfermedad.

—¿Esa vértebra cogida ya estaba allí?

—No, parece que está conectada a ella.

—¿Puedes sentirte a ti misma en ese sitio? ¿Qué sientes allí?

—Una vieja herida.

—¿Qué clase de vieja herida?

—La imagen viene espontáneamente como un recuerdo. Cuando encontré a la perra, ésta había sido golpeada. Le habían dado un tiro en una pata. –Hace una pausa–. Siento una conexión entre este lugar, mi columna, en el interior de mi vértebra que es donde está su herida y mi rodilla derecha, donde he tenido una intervención quirúrgica. Puedo sentir la conexión entre estos tres sitios.

—¿Puedes permanecer con esta conexión entre estos tres sitios? Concéntrate en ellos. ¿Qué sientes? –insisto, disfrutando de su sensibilidad. Es una buena observadora de interiores.

—La parte de atrás es la zona donde hay más emoción en conexión con las otras dos. Siento como una corriente de energía, pero no es necesariamente dolor, y es viejo. Esta sensación que envuelve a mi perra es una manifestación de sentimientos antiguos que me ocurre a menudo. Este dolor en mi espalda ha estado allí desde siempre. Los sentimientos son más viejos.

Vuelvo al grupo para una pequeña explicación, nos estamos quedando sin tiempo.

—La razón por la que indagué en la columna es porque sentí algo aquí abajo. –Señalo la parte baja de mi espalda–. Por esta razón, ahora quisiera ir a este lugar, es algo que tiene que ver absolutamente entre la soñadora y yo mismo. Si he sentido un síntoma en mi rodilla, quizás tenga que ir a la rodilla. Pero ya que ha ocurrido lo mismo con mi espalda, como con la de la soñadora (una sensación de que no estaba allí antes), continúo con la espalda.

Vuelvo con la soñadora.

—¿Dices que es un viejo dolor que vive allí?

—Puede ser. Parece viejo y nuevo. Futuro, pasado y presente.

—¿Puedes concentrarte en este lugar y llevar el foco allí?

Podemos sentir cómo la concentración se intensifica.

—Ahora se abre y viaja hacia el lado izquierdo de mi columna. Puedo sentir la conexión entre este lugar y mi hombro derecho aquí –dice tocándose el omóplato–. Pero hay menos emoción en este lugar de aquí arriba.

Siento que la energía ha empezado a circular de nuevo. Me vuelvo hacia el grupo otra vez.

—Hasta ahora hemos seguido algunas de las emociones a través del cuerpo y es momento de volver al sueño. ¿La perra viene caminando hacia ti o viene corriendo?

—En realidad, se dirige a mí como paseando por la calle, pero entonces, cuando llega al banco, va un poco más deprisa, porque es sólo un paso y sólo necesita un momento para llegar a él. Sólo eso, nada extra. Pero no se apresura en absoluto. Luego baja la marcha detrás de mí. Me parece que le acaricio la cabeza. Estoy muy contenta de verla. Me siento agradecida y aliviada de que esté bien.

—Porque en el momento en el que ella estaba justo en frente de la rueda del coche estabas muy asustada –le recuerdo.

—Lo puedo sentir en mi garganta–responde–, como si me agarrara, como si fuera un puño. Vendría a ser como una mano abierta, no tanto como un puño cerrado, sino como una especie de gancho. Siento tensión en la mano. Miedo. El miedo y el dolor van juntos. Están separados, pero también conectados.

Se para. Una asociación distrae su atención. Espero.

—Es toda la historia de las gemelas. Fui concebida como gemela y la otra fue murió a los dos meses de gestación. Es como si recordara esta muerte a un nivel celular. Siento esta emoción otra vez, tanto como las sensaciones sobre la muerte de la perra.

Todos estamos en silencio, sintiendo la muerte, la nuestra, la propia, así como la de nuestros seres queridos.

—¿Podéis sentir cómo estamos en un nivel profundo ahora? –pregunto al grupo.

Ir entrando en el sueño es como descender a una atmósfera densa. Al principio, las imágenes son débiles e inestables, volátiles como vapores. Luego, las imágenes empiezan a solidificarse, convirtiéndose en más sustanciales. En este momento, hemos entrado en esta presencia visceral del soñar.

Me vuelvo hacia la soñadora.

—¿Te es posible volver al momento en el que tu mano está en la cabeza del perro?

—Sí, las dos manos, ahuecadas en forma de taza recogiendo su cabeza. Sencillamente la quiero. Me alegra que se encuentre bien. Este miedo que siento es tanto por su dolor como por mi pérdida. El miedo por su dolor, por si se pone enferma, y el mío por perderla. Tengo miedo de los dos.

—¿Qué sienten tus manos?

—Mucha suavidad. Siento el calor de su cuerpo. Su cara le es muy familiar a mis manos. Las tengo muy relajadas.

—¿Llevarías esta sensación familiar de relajación a todo tu cuerpo?

—Sí, puede fluir por todo mi cuerpo. Mi espalda cambia completamente, también mis piernas. Sencillamente todo fluye.

Esta familiaridad se transfiere del perro a su cuerpo introspectivo. Ahora que ella está experimentando esta relajación y esta seguridad en sus sentidos, en su cuerpo, podemos ir al elemento del sueño donde el alma tiembla. Hago una pausa antes de la transición. En este momento existen varias posibilidades. Podemos volver a la experiencia de la muerte de la hermana en el seno materno y sentir otra vez el miedo y la pérdida en esa imagen. Estoy seguro de que ella ya ha entrado varias veces a esa imagen, por lo que intuyo que ya será un poco antigua. Siempre prefiero trabajar con material fresco y opto por ir directamente al hielo.

—¿Dónde te encuentras al principio de lo que recuerdas, cuando el recuerdo del sueño empieza?

—Tengo una fuerte sensación de este parque. Podría ser un cementerio. El parque de la izquierda podría ser una especie de Central Park, pero también un cementerio. Estoy en este lado del paseo.

Por supuesto que el tema del cementerio es seductor después de todos estos sentimientos de muerte, pero también podría referirse a un mecanismo de distracción. Estoy por lo del hielo. Investigo.

—Y la parte que ves que podría ser un cementerio, ¿es el lugar donde ves el hielo?

—No, el hielo está más abajo, en la calle de la derecha. El parque está a la izquierda. Si hay un cementerio, está hacia arriba a la izquierda. Es la dirección en la que voy, pero no se ven tumbas por aquí. Estoy contenta de haber investigado; sólo veo este parque de tres líneas. Está un poco oscuro, no del todo, pero con muchas sombras. La calle está helada.

—¿Puedes concentrarte en el hielo? –la animo–. ¿Qué parece?

—Bloques grandes. Está grisáceo, azulado, blanquecino. Son realmente muy grandes. Parece un río. Todo son imágenes de grandes bloques de nieve que se funden y se van corriendo. Y el agua fluye entre ellos. Parece como un río de hielo, rompiéndose, pero más simétrico. Realmente es una calle donde confluyen formas extrañas, como triangulares.

La unión de la imagen de la calle con las fuerzas primarias indica que nos estamos moviendo hacia una experiencia fundamental, profunda; es el desierto salvaje donde la experiencia individual pedestre se encuentra con los hielos que forman las capas de los grandes bloques a través de los años, y que habitan nuestras almas. En el desierto profundo, la experiencia individual se funde con lo salvaje. Jung lo llama lo preindividualidad, las indomables fuerzas arquetípicas que existen en el inconsciente colectivo.

—Siente el frío. –Soy consciente de lo imperativo de mi voz. Aparentemente refuerzo la presión.

—Ahora mismo siento que estoy rodeada de hielo. Me he trasladado al lugar del banco. Hay grandes bloques de hielo a mi alrededor. Puedo sentir el frío que procede de ellos. Puedo sentir también el cambio de temperatura, desde el lado del paseo hasta el margen del lado del bloque de hielo.

—¿Qué cualidad tiene el frío?

—¿Desde esta distancia? Desde esta distancia lo siento fresco. Puedo sentir cómo penetra en mi piel. Es realmente un frío concentrado. No está en mis huesos, pero es un frío de nieve. El agua me asusta menos que el hielo, pero el hielo tiene esta clase de sensación ¡Uh-oh! —su exclamación transmite miedo.

—Intenta ir despacio. Acércate al hielo y al agua muy lentamente, de lo contrario entraremos en un muro muy sólido de hielo. —Ella asienta con la cabeza—. El hielo está en movimiento, ¿sabes? —Dirijo su atención hacia una mirada más distante del hielo, un punto de vista desde donde se puedan ver los patrones. Esto la separa del miedo directo y congelado. Respiro.

Mi impresión del hielo es como un movimiento real. Parece haber un cambio de estación.

—¿Puedes sentir este cambio de estación en tu cuerpo?

Llora suavemente.

—Tengo miedo. —Su voz tiembla detrás de sus lágrimas.

—Todo se está moviendo. Tengo miedo de ahogarme en el agua que está bajo el hielo cuando se rompe. Es una nueva estación y llega con el poder del hielo, derritiéndose, y el agua lo arrastra hacia abajo en un movimiento muy elemental.

Imagino cómo su cuerpo sale del invierno de su síndrome de fatiga crónica. El rígido *statu quo* de su enfermedad la mantiene congelada durante dieciséis horas de inactividad por día. Está crujiendo. El río de la vida está empezando a fluir una vez más. No importa si está asustada o se está ahogando, o si es arrastrada por la estación de la renovación.

—¿Cómo sientes en tu cuerpo este movimiento elemental del hielo? Estamos en un reino salvaje primitivo, el reino de los elementos.

—Siento esta atracción-repulsión. Siento la energía que viene de mi cuerpo y también el miedo a ser arrastrada por esta energía Tengo miedo de no saber contenerla sin romperme yo misma. Mi perra trata el rompimiento del hielo de una manera más fácil. Ella sencillamente lo atraviesa. —La última frase tiene un tono de misterio. La emergencia espontánea de la perra que puede manejar la nueva estación puede ser de gran ayuda.

—Mantén la perra cerca. Guarda esta sensación de la perra cerca cuando empieces a sentir que la corriente te arrastra…, guarda la perra cerca…, la sensación de la perra…

Me vuelvo al grupo con un tono imponente de reivindicación en mi voz.

—Tiempo. Ahora observáis que fue correcto guardar la sensación de la perra primero y, sólo más tarde, ir hacia el hielo. –Vuelvo a la soñadora–. ¿Qué estás sintiendo ahora?

—Qué revigorizante es. He sentido sencillamente una ola de vigor físico. No sólo sentí la corriente, sino también el frío del agua al mismo tiempo. Esta sensación de agua fría es muy revitalizante. Es muy diferente del frío del hielo. La estación de los hielos le es muy familiar a mi cuerpo. Siento como si hubiera estado mucho tiempo allí. Algo me da miedo sobre el hecho de tocar el hielo. Tengo miedo de que mi piel se quede adherida allí. Que nunca sea libre. El hielo me asusta.

—¿Cómo sientes el miedo del hielo en tu cuerpo?

—Lo siento en el pecho. No como un peso, sino como un cuerpo, como un cuerpo pequeño. –Ahora está muy emocionada y repite la última frase muchas veces. Se señala el pecho–. Aquí. Es como si este cuerpo se hubiera adherido a mi cuerpo.

—¿Cómo es de grande?

—Es todos los tamaños. Desde un pequeño guisante a una de estas muñecas rusas que la abres y siempre hay una más pequeña dentro.

—¿Y puedes sentir cómo estos pequeños seres viven en tu pecho?

—Lo que dejo detrás de mi pecho es el recuerdo de todo esto. Tengo esta impresión aquí, como cuando tienes algo agarrado al brazo, que lo dejas ir, pero aún puedes sentir la impresión. Pero la sustancia, el ser mismo, está ahora en mi vientre. Quiero retener esta impresión en mi pecho, allí donde parecía estar. Siento que lo voy dejando atrás. Me ayuda el hecho de bajarlo. Es como decir adiós a este pequeño ser en mi pecho, decir adiós a algo que siempre ha estado allí. Me asusta que ya no esté más allí. Ha caído. Siento algo nuevo. Me asusta. Tengo miedo de sentirlo abajo, en el vientre. La estación de los hielos y el cuerpo en mi pecho van juntos. Los amo. Son tan familiares… Es duro dejarlos atrás. Es un sentimiento de aflicción y de adiós. Ahora puedo ir a mi vientre.

Ésta es una experiencia directa de la dificultad de dejar el *statu quo* detrás, por más doloroso que este *statu* pueda ser: este pequeño-ser-de-la-estación-de-los-hielos viviendo en su pecho resultaba, al menos, familiar. Vuelve atrás provocando una sensación de recuerdos prenatales. Toda larga enfermedad o neurosis dejada atrás tiene que ser llorada, a medida que vamos dejando atrás un yo con quien nos sentíamos cercanos. Aunque esto nos haya causado mucho sufrimiento, lo echamos en falta porque lo conocíamos muy bien.

—¿Cómo lo sientes en el vientre?

—Muy suave. Un lecho de sangre suave y rica. Como una cama de sangre y nutrición. Es muy roja.

Hemos ido a parar a una matriz de primavera. Nos damos tiempo para sentir la sensación de la renovación, del renacimiento después de la muerte. Luego, me traslado hacia el contraste entre el invierno y la primavera. Ella está justo entre los dos. El invierno ya no está, la primavera aún no ha llegado.

—Mantén esta sensación en tu cuerpo y vuelve a sentir el hielo. Continúa concentrándote en tu vientre y siente el hielo en tu piel. ¿Cómo es de diferente el toque del hielo frío y la sensación en tu vientre?

—Mi mano derecha está en mi vientre y con la izquierda puedo apoyarme en el hielo.

—¿Puedes notar la diferencia entre tu mano derecha y tu mano izquierda?

—Sí y mucho –exclama sorprendida–. Mi mano derecha está muy caliente y la izquierda muy fría. Todo el frío viene de la izquierda y todo el calor que circula procede de la derecha. Ahora están empezando a emerger. ¿Puedes tú también sentirlo?

Aparentemente, ella se siente muy conectada a mí en este momento, convencida de que yo estoy sintiendo lo mismo que ella. Y, aunque extraño, es así. Siento la emergencia del calor y del frío.

—Ajá –asiento.

—Ahora hay una especie de impresión con forma de mano en este trozo de hielo. A medida que el calor empieza a tocar el hielo, éste se va disolviendo en mi mano.

—Estate ahora con esto y siente cómo se va desarrollando. Vamos a parar aquí el trabajo, y tú continúa con esto por ti misma.

—Sí, puedo hacerlo.

—Respíralo. Respira en el punto en que el calor y el frío empiezan a emerger. De esta manera, estarás conectada con ello –sugiero. El trabajo con el sueño ha iniciado un proceso en movimiento. Ahora es trabajo del soñador estar conectado con todo esto. Ella, ahora, tiene la experiencia del hielo disolviéndose en sus dedos.

Empecé con la práctica de los sueños en los setenta, para demostrar, de la forma más directa que sabía, mi manera de trabajar con ellos. El propósito era completamente didáctico. Con lo que no había contado fue con el profundo efecto catártico que el trabajo con el sueño tiene en los participantes del *practicum* que no presentan su propio sueño. Como en la tragedia griega, los observadores sufren una catarsis mientras experimentan el destino del protagonista. Los elementos colectivos ancestrales del sueño preindividual empiezan a reverberar en todos nosotros, como el derretimiento del hielo con la soñadora del perro en esta práctica. No sólo es su cuerpo el que está entumecido por la congelación profunda de su síndrome de fatiga crónica. Incluso ella misma está congelada, rígida por el miedo al cambio, por la fundamental impredicibilidad de la vida. Es parte del ser humano tener estos miedos. El trabajo con sueños da a todos los participantes una experiencia muy esmerada de la condición humana. No existe ningún seguro de vida que nos pueda salvar del cambio permanente e inminente.

(Mis series de sueños en Australia ilustran esta realidad. Desde la primera noche que dormí en Australia algunos temas vuelven con regularidad, como el dolor acerca de la muerte de mi padre. El tema del cambio constante era otro motivo. Sueño:

Me voy hacia las afueras. Hay un grupo. Es sabido que las experiencias más importantes se dan en la oscuridad, en lo desconocido. Hay alguien que encabeza otro grupo y parten a lo desconocido, a un mundo de constante cambio).

Además de la experiencia catártica de los participantes del *practicum* –porque sus propias profundidades empiezan a resonar– se hace patente que un grupo puede acercarse a un sueño desde una perspectiva mucho más amplia de lo que puede hacerlo un trabajador de sueños individual. Cosas que a mí no se me ocurría preguntar eran indagadas por los participantes añadiendo diferentes niveles al trabajo. De manera similar, el foco de concentración del grupo en un solo sueño durante un período de tiempo nos llevaba a una profundidad previamente inaccesible para mí en el trabajo individual. Por supuesto, el nivel de confianza en la relación uno-a-uno en el psicoanálisis es normalmente más elevado que el que se establece en un grupo de trabajo, lo que nos sumerge en otra clase de profundidades inaccesibles a partir del trabajo en grupo. He descubierto que el trabajo con sueños en grupo es una manera de entrar al mundo del sueño conduciéndonos a resultados sorprendentes.

Esto nos lleva a la formación de pequeños grupos de sueños. Estos grupos son para gente no necesariamente interesada en la terapia, pero que quieren acelerar su sentido de la existencia con una profunda inmersión en el sueño. Un grupo ideal para el trabajo con los sueños consistiría en cuatro-seis personas que se reúnen una vez a la semana de dos y media a tres horas. Como inicio, la primera media hora se usa para hablar de temas generales sobre los sueños y discutir la sesión anterior. Los participantes preguntan cómo continuó el sueño de la anterior reunión. El soñador explica qué consecuencias tuvo durante la semana el trabajo realizado: estados de ánimo, sueños e interacciones que se relacionaban con los temas tratados. En el sueño de la perra, por ejemplo, podría preguntar al grupo si el trabajo había influido en sus sentimientos hacia su enfermedad y su recuperación, si habían emergido nuevas comprensiones. Lo que más frecuentemente manifiesta la gente que ha trabajado en sus sueños es que el estado de ánimo ha permanecido por algún tiempo después del trabajo. Este período de apertura de la sesión del grupo es utilizado también para reflejar, además de otras cosas, la manera en la que se condujo el trabajo y las técnicas utilizadas. Posteriormente, el grupo intenta apreciar qué sueño es el que presentar con más urgencia. Aquellos que quieren relatar su sueño, lo hacen. Se selecciona uno. (Los sueños cortos son, generalmente, más fáciles de trabajar en grupo, especialmente en los grupos que se inician). Por lo general, resulta obvio quién necesita trabajar y la selección se hace espontáneamente: los sueños restantes se aplazan. El sueño elegido es el centro de la reunión durante más o menos dos horas. Finalmente, el grupo cierra la sesión con un período de conclusión de unos veinte minutos a fin de procesar el trabajo que se ha hecho.

Cuando el encuentro es una vez a la semana, es muy probable que cada miembro del grupo pueda trabajar en sus sueños casi cada seis semanas. Esta frecuencia, aunque parezca esporádica, realmente es suficiente a causa de los espectaculares efectos que el trabajo con los sueños tiene en los participantes mientras trabajan en el material de otros. En nuestra sociedad, orientada tan superficialmente, el hecho de participar en la vida profunda de otro se experimenta como un raro privilegio por los miembros del grupo.

Un grupo de trabajo con sueños necesita un líder. No obstante, el liderazgo puede ser una función que va cambiando entre los miembros. El líder de un grupo de trabajo de sueños funciona básicamente como un director de orquesta que cuida de la música para que suene en el tiempo y la atmósfera adecuados.

El sueño se cuenta dos veces. La primera vez, los participantes enfocan sus propias experiencias mientras van oyendo el sueño. Después de esta primera lectura, aquellos que han sentido fluctuar su atención, cambios en su cuerpo u otras distracciones que podrían relacionarse con el sueño de una manera u otra, comentan brevemente qué han experimentado. Estas respuestas pueden usarse como herramientas para arrancar el trabajo; también dejan libre a los que escuchan para concentrarse en el contenido del sueño durante la segunda vez que se describe el sueño.

A partir de la segunda narración, es función del líder cuidar de que el proceso de preguntas fluya, cuidar el engranaje que lleve al soñador a una reentrada al sueño lo más profunda posible y ayudar al grupo a

120

evitar cuestiones que sean interpretativas. Cuando un grupo funciona de una manera óptima, el soñador raramente se da cuenta de quién formula las preguntas, ya que parecen venir de un mismo organismo.

De todas formas, hay momentos en los que se pueden seguir algunas pistas y mientras los miembros del grupo cambian hacia direcciones conflictivas, a menudo concluyen en una fea cacofonía. Es entonces cuando el grupo se detiene al producir la disarmónica línea de investigación. El soñador empieza a no sentirse contenido por el grupo. Es como si fuera un colador más de una fuerte vasija capaz de contener en ella las emociones. En este momento, el líder acaba diciendo: «Tiempo», la señal para la discusión del trabajo que se está llevando a cabo. (Cada miembro del grupo, incluyendo el soñador, puede decir «Tiempo», y el líder está obligado a darlo, ya que, una de sus principales tareas es la de proteger al soñador). El grupo, entonces, se concentra en una línea de preguntas.

Hay momentos en los que una cierta intimidad emocional por parte del soñador requiere que sea dirigido por una sola voz para no romper la concentración. Entonces, el líder la toma si nadie más quiere hablar. En estos momentos, el grupo apoya el proceso del trabajo con el sueño manteniendo la concentración en silencio. La atención activa del silencio ayuda a que el proceso continúe. Por último, como un conductor, el líder es responsable de organizar el trabajo. Que sea profundo y que encaje dentro del tiempo asignado. Normalmente, cuanto más lento pueda ser conducido, más energía requiere el mantener la concentración, pero permite una penetración más profunda en lo desconocido.

Por eso la mayor parte del trabajo con sueños transcurre en la espera. Si no somos capaces de hacerlo así, de esperar a que lleguen las imágenes, muy a menudo imponemos nuestros deseos y expectativas. Al ir despacio, y con una cuidadosa observación, aprendemos a diferenciar entre las expectativas del ego y la auténtica imaginación. La mujer del bar que enseñó la fotografía de su familia al hombre que estaba a su lado en el taburete, estaba segura de que él iba a desaprobarla cuando en realidad, él sentía hacia ella una amigable curiosidad. En el trabajo con dicho sueño nos habíamos trasladado hacia esa imagen de una manera muy rápida con la pregunta: «¿Qué supones que el hombre piensa de ti?» Ella, quizás, lo experimentaba como un rechazo.

Al transitar hacia el «otro» del sueño mediante un proceso lento de observación cuidadosa, con empatía e identificación eventual, es posible sentir la realidad de este «otro» del sueño desde el interior. Esto otorga a ambos, al trabajador de sueños y al soñador, un fuerte sentido de la autenticidad del otro del sueño, que aparece no como alguien que fue inventado por el soñador, sino como una entidad orgánica que se presenta a sí misma ante él.

Una buena manera de potenciar la tolerancia durante la espera es la concentración en la respiración. Si eres trabajador de sueños o soñador –o ambos, trabajando en tu propio sueño–, debes tomar consciencia de cómo circula por tu cuerpo tu respiración y cómo cambia en diferentes momentos del trabajo. Esto te mantiene conectado a la conciencia física, expandiendo la capacidad de darte cuenta más allá de los confines de la intolerancia puramente racional, lo que puede ser de mucha ayuda en momentos de pánico y ansiedad. Se tiene que animar al soñador a permanecer con lo que siente y, al mismo tiempo, concentrarse en la respiración del cuerpo. A menudo, la sugerencia de respirar con los pies nos lleva a un sentido muy alto de conexión entre éstos y el suelo, proveyendo una base literal y necesaria mientras el soñador siente que está expuesto más allá de sus límites. Al irse calmando así, puede permitirse experimentar emociones que le asustan, sin tener la urgencia de reprimirlas.

Sigmund Freud inició el trabajo con sueños como hipnotizador –en el contexto del psicoanálisis– inmovilizando al soñador en el diván, por lo que, a partir de la quietud física buscó los más profundos niveles de la memoria. (Cuando Freud puso el guion entre la palabra «trabajo» y la palabra «sueños» se refería al proceso que produce el material de los sueños manifiestos originados en pensamientos oníricos latentes. El uso que nosotros hacemos de la palabra «trabajo con los sueños» describe la técnica que emplea el sueño como material). Me han dicho que el gran tenor Luciano Pavarotti, cuando canta en un contexto no operístico, siempre lleva un pañuelo blanco en la mano: cuando el pañuelo deja de moverse, Pavarotti sabe que toda su energía está concentrada en su voz y no existe ningún movimiento innecesario en su cuerpo. Además de una poderosa concentración creada por un movimiento inhibitorio, la quietud también proporciona una oportunidad para concentrarse en los impulsos más sutiles al explorar una imagen antes de que los impulsos que aparecen a causa de ella irrumpan en una acción. Al inhibir esta acción, el impulso sube. Al trabajar con nuestros sueños, solos o con otros, a menudo nos invade un deseo de cambiar, de hacer algo. Pero en momentos así, el no hacer nada puede provocar más adelante una comprensión desde un total impacto visceral.

Por otro lado, cuando —y porque— la consigna es no moverse, los movimientos pueden ser muy significativos. A veces, experimentar un movimiento corporal, que aparece a partir de una imagen conduce a unas sutiles comprensiones. Imitar un movimiento de una figura del sueño puede ayudar a tener un sentido de la forma de su realidad. En el sueño del presidente Clinton —moviéndose de un lado a otro de la habitación a la manera de un inseguro presidente en la Casa Blanca— revela su vida interior.

El hecho de que los participantes en los grupos de sueños sean relativamente desconocidos es, a veces, de gran ayuda. Cuando no existen lazos de unión, la gente tiende a hablar más fácilmente. Además, la «actuación» (esto es, la interacción de un miembro del grupo con la fuerza psicológica del personaje del sueño) está limitada al período en el que el grupo tiene contacto. Normalmente les notifico a los participantes que están viviendo una relación primaria, por lo que si han tenido algún percance con algún miembro del grupo, esto puede manifestar un código de relación, que estén atentos.

Éste no es el único peligro del trabajo con sueños. *El mayor peligro cuando se está trabajando con sueños es provocar vergüenza y perturbación.*

Cuando alguien presenta un sueño, no tiene ninguna idea de hacia dónde lo llevará éste. A menudo, las confesiones muy íntimas aparecen espontáneamente. A veces, estas revelaciones pueden perturbar al soñador hasta el punto de consumirse en una insoportable vergüenza. En el trabajo con sueños, el mayor ardor es generado por la más íntima de las experiencias. Es más fácil para el soñador hablar sobre la esencia elemental del miedo al hielo frío –una sensación que cada cual puede tener– que hablar sobre frigidez sexual, algo que se siente como mucho más íntimo. (No me estoy refiriendo al sueño de la perra. Es sólo un ejemplo). Cuanto más íntimo es el material con el que el grupo trabaja, tanta más presión se aplica en la capacidad del grupo para contener este material tan volátil. Como norma, los alquimistas dicen que *la fuerza del recipiente ha de ser proporcional a la tensión del material*, si no es así, el recipiente explota. Especialmente en el período inicial del grupo de sueños, la fuerza del grupo *como grupo* puede no estar a la altura del calor generado por el trabajo. Esto puede acelerar el calor y producir momentos sin contención que despierten profundos sentimientos de vergüenza en el soñador. La vergüenza es peligrosa, a veces es una emoción letal. ¡No tiene que ser provocada! Hay que ir acompañando esta experiencia de sentirse expuesto. Un exceso de exposición puede conducir a una insoportable vergüenza.

Para evitarlo, a menudo trabajamos a ciegas. Cuando preguntamos por una asociación, cuando se sospecha que hay envuelta una experiencia muy íntima, los participantes pueden pedir al soñador que se concentre en una asociación sin tener que decirla al grupo. Una vez que el soñador ha sentido de una manera completa el impacto de esta asociación –por ejemplo, un recuerdo doloroso de la infancia que, a menudo, nos perturba–, el grupo hace que el soñador vuelva al sueño, mientras siente estas emociones que el recuerdo ha traído. De esta manera, la sensación/tonalidad de la asociación puede ser importada sin que el soñador experimente sensaciones destructivas, cruces de vergüenza y turbación hacia el grupo. El líder, para proteger al soñador, cuando ve que es imposible manejar algún trabajo abiertamente porque causa alguna clase de perturbación, le da la vuelta a la situación y opera a ciegas.

Los miembros del grupo han de ayudar al soñador a mantener un sentido de dignidad, incluso en la más «indigna» de las situaciones. A medida que el grupo trabaja de una manera continuada, este hecho de tener que trabajar a ciegas ocurrirá cada vez menos.

El trabajo con sueños tiene sus peligros. De todas formas, como norma, hay que partir de la base de que cada cual *entra por su propia cuenta y riesgo*.

A menudo, al principio del trabajo con sueños, siempre hay alguien que anuncia que nunca sueña. Después de investigar un poco se revela que, en realidad, la persona sí tiene sueños; lo que ocurre es que, a veces, no concuerda con nuestro criterio sobre lo que consideramos como un sueño. Se piensa que un «sueño» es algo especial, una clase de narrativa. Muy a menudo, el sueño flota en la superficie de la memoria, tomando la forma de una sola y ordinaria imagen: una mujer al lado de una puerta, una ventana en la cocina, un momento en el trabajo, un hombre con un traje, un lugar oscuro, en algún lugar en un restaurante, cruzando la calle en medio del tráfico; algo insignificante y aburrido.

Tenemos más preferencia por la narrativa que por la imagen. Sentimos que cuanto más épico es un sueño tanto más significativo tiene que ser. Sin embargo, a menudo, encuentro que la narrativa es menos reveladora que una imagen sola, la cual, cuando realmente entramos en ella, produce un gran fruto. También es muy común que ocurra que, después de haber trabajado en un sueño de esta clase, en un sueño como recortado, este trabajo haya generado la aparición de muchos otros.

No selecciones tus sueños antes de registrarlos. Las resistencias hacen que un sueño parezca trivial a primera vista; después de algún trabajo significativo con él, éstos sueños aparentemente sin importancia producen una gran cantidad de material. Muchas veces, la gente no escribe aquellos sueños que podrían ser desaprobados por los demás (padres, esposas, sospechosos fisgones: «Siempre tengo la sensación de que alguien está mirando en mi diario de sueños cuando yo no estoy»). Junto con san Agustín, agradece a los altos poderes que han hecho posible que nosotros no seamos responsables de nuestros sueños, y escríbelos.

Nunca creas que recordarás ese sueño para siempre y que, por lo tanto, no tienes que escribirlo. Después de cinco minutos, esa «eterna» memoria puede haberse evaporado.

A veces, los sueños parecen estar ausentes. Algunas personas recuerdan menos sueños que otras. Los que trabajan con los sueños pueden tender hacia una actitud chauvinista insinuando que alguien que recuerde pocos sueños es como un defecto, que algo no funciona. Pero no pasa nada. Simplemente hay gente que recuerda pocos o ningún sueño por ninguna razón en particular y eso es todo. Un supuesto defecto presupone una norma. Recordar los sueños y no recordarlos es algo perfectamente normal. Para la gente que no los recuerda (de algún modo esto significa todos nosotros: todos olvidamos un 99 % de nuestros sueños), los grupos pueden ser de gran ayuda, porque el trabajo con ellos hace posible esta participación en el mundo de los sueños.

Respecto del método para capturar y registrar los sueños me da pereza repetir los ejercicios 5, 6, y 7 del primer capítulo de mi libro *Little Course in Dreams* sobre ejercicios de memoria.

Observa el momento del despertar

Empieza con la intención de despertarte tan conscientemente como puedas. Intenta experimentar realmente la transición entre el dormir y el despertar. Cuando te despiertes, antes de que el despertador deje de sonar, permanece exactamente en la posición en que te encuentras y observa de qué manera el dormir transita hacia el despertar. Siente cómo tu cuerpo se despierta. ¿Dónde están las tensiones? ¿Cómo sientes la cabeza? ¿Y tu respiración? Hazlo cada día durante una semana y decide no recordar absolutamente ningún sueño. Lo único que importa es observar el momento del despertar.

Prepara el registro de tus sueños

Después de haber completado la semana con el ejercicio anterior, pon una libreta y un bolígrafo al lado de la cama. Mira si puedes tener una luz suave que puedas encender fácilmente, tiene que ser lo suficientemente fuerte para que te permita leer lo que estás escribiendo. Otra solución es tener una grabadora de audio cerca de la cama.

Ahora repite el ejercicio anterior mientras eres al mismo tiempo consciente de que hay una libreta o una grabadora esperando con paciencia cerca de tu cama. Intenta no recordar ningún sueño. Si, de todas formas, aparece alguno, regístralo.

Escribe tus sueños

1. Te despiertas con un fragmento de un sueño que aún está, detrás, flotando. Permanece quieto en esa misma posición. No saltes al sueño inmediatamente, pero míralo por algunos momentos. Luego, con los ojos cerrados, coge el bolígrafo y escribe exactamente aquello que recuerdes de este fragmento. Acto seguido, detente otra vez. Deja que tu atención vaya flotando junto con la imagen. Normalmente, emergerá otra imagen del mismo sueño. Escríbela. Desde aquí podrás ir devanando el hilo de todo el sueño.

2. Te despiertas en medio de la noche con un sueño entero y tienes la sensación de que hay tanto material que, posiblemente, no puedas escribirlo todo. En este caso, apunta los detalles que más sobresalgan con una pequeña descripción. Escribe algunas palabras para apoyar la memoria. Luego vuelve a dormir. Si por la mañana no tienes ni la más remota idea de a qué se refieren estas palabras, no ha funcionado. En caso de que lo recuerdes, trasládate a estas imágenes como si fueran espacios concretos e intenta escribir cada detalle de una manera más o menos legible. Muchos sueños se pierden en la ilegibilidad.

3. Te despiertas por la mañana con un sueño. Empiezas a escribir la última escena y vas escribiendo hacia atrás hasta llegar al principio. O, simplemente, vas desde el principio hasta el final. No te pelees demasiado con la historia porque podrías perder los detalles de las

imágenes. Es ideal describir las imágenes desde dentro, aunque simplemente describas aquello que ves.

En la ducha o durante el desayuno imprime el sueño profundamente en tu memoria. Si así lo sientes, explícaselo a alguien. Cuando lo hagas, a menudo recordarás cosas que habían permanecido fuera de tu visión. Al explicarlo, se produce siempre un efecto de espejo, aunque la otra persona no haga ningún comentario. Un oído foráneo cambia la perspectiva. Aprende el sueño de memoria, como si fuera un poema. El sueño empezará a generar palabras como fragancias, a medida que vayas meditando en él. De esta manera, accedes a tus sueños durante el día. Cada vez que vayas al baño o cuando te quedes solo por algunos momentos entra brevemente en el sueño. Recuerda cada detalle. Luego, por la noche, antes de ir a dormir, entra en el sueño una vez más.

Buenas noches.

Sábado por la noche en los húmedos bosques del estado de Nueva York: aplastamos insectos y soñamos nuevos sueños.

7

PRÁCTICA DE SUEÑOS 2:
EXPERIMENTO MACABRO

El viernes al atardecer vino hacia mí después de la primera sesión del *practicum*. Es un psicoterapeuta de pelo rapado y rostro juvenil. Alrededor de los cuarenta, diría. Me estuvo hablando sobre su trabajo con el sida y casi, instantáneamente, llegamos a un punto en que me ofrecí para ir a su ciudad a hacer el trabajo con sueños con alguno de sus pacientes. Desde que escribí las experiencias relatadas en mi libro *Dreaming with an AIDS Patient*, éste ha sido un tema muy cercano a mi corazón.

El sábado por la mañana, mientras experimentábamos la muerte y la pérdida con la soñadora de la perra, él estaba muy calmado.

—Cuando ella acariciaba la cara del perro —nos explica una vez que el trabajo ha finalizado—, me encontré como sintiéndome uno con ella. Era como si yo mismo estuviera haciendo el trabajo.

—¿Qué te estaba pasando en aquel momento? –le pregunto animándolo.

—Mi compañero se está muriendo. Este sentimiento de la inminente pérdida de alguien a quien amas... —Su voz se va quedando rezagada.

En esta noche húmeda de la madrugada del sábado, tiene un sueño sorprendente que presenta (grabado) en la sesión del sábado por la mañana:

«Este sueño se relaciona con la familia Addams. Morticia y su marido están en su carrito de golf. Es una cosa extraña, como una caja. Donde tendría que haber sitio para las piernas, pero no lo hay. Está hecho de fórmica sucia y de color marrón, o quizás está cubierto de una madera contrachapada. Es muy cuadrada. No hay ninguna línea curva. Se mueve con movimientos desiguales. Están en la fila de un teatro o de un banco para recoger entradas, y tengo la sensación de que los observo desde detrás. Veo a una mujer que hace un buen trabajo ocultando su disgusto o su desdén.

»En la segunda escena estoy en el patio de fuera del jardín de la mujer con la que había tenido una cita la noche anterior. A la izquierda hay una pared estucada. Detrás está su casa, en la pared hay papel o plumas. Creaciones como de sueño hechas por esta mujer latina o mediterránea con quien hice el amor la noche anterior. Ella lo hizo, lo recuerdo, porque había quedado encantada del tiempo que pasamos juntos. Algunas partes de la pared parecen alas. Yo lo asocio con alas de perro. Las alas se encuentran en una pequeña bolsa de la compra. De repente, la familia Addams está en este patio conmigo. Un burro coge la bolsa que contiene las alas con la boca y empieza a ir de un lado a otro. El burro pasea por este lugar y pienso que no hay manera de cogerlo. Está masticando. Hay algo fibroso que hace que el burro vomite. Son como proyectiles de vómitos. Como pedazos blancos de gelatina o algo más denso. Hay un gran hedor. Me retiro de esto. La hija de Morticia coge uno de estos pedazos blancos de vómito y pienso: "¡Qué niña tan grotesca!". El hedor me produce náuseas. En la tercera escena está el chico de la familia Addams. Está jugando con dos jeringuillas hipodérmicas que ha agarrado con la mano. Una tiene ya la aguja mientras que la otra está rota. Lo persigo y cojo la jeringuilla, la que no tiene la aguja, y derramo el líquido en su boca. Es un anestésico que lo duerme. Uso la otra jeringuilla para poner un poco de calmante en la niña, que la hace caer lentamente. Éste es el final del sueño».

—¿Puedes explicarnos algo acerca de la familia Addams? ¿Quiénes son?

Mi posición es más o menos ventajosa por no haber visto nunca *La familia Addams* en TV o en el cine, por lo que tengo pocas ideas preconcebidas. Pero incluso si hubiera sido mi serie preferida y hubiera visto todos los capítulos y las películas, hubiera preguntado igualmente. Siempre asumo que no sé qué representan estos personajes públicos para el soñador.

—Es una familia oculta. Viven en una casa de fantasmas, una familia dudosa, en el sentido de que viven en el límite entre una existencia normal y otro mundo. Tienen todos esos poderes... En su casa habitan también extrañas criaturas. Hay siempre una sensación de muerte que pulula a su alrededor. Morticia es de una especie particular de...

—¿Qué especie de muerte revolotea a su alrededor? –pregunto en la medida en que mi desesperado sentido de desorientación retrocede, antes de entrar en los abismos de lo desconocido, detrás de una morbosa curiosidad.

—No estoy muy seguro de cómo responder. No hay un sentido de inmortalidad o de existencia después de la muerte. Aunque sí existe alguna trascendencia en esta familia. Son como de otro mundo, un mundo de fantasmas. En realidad, no son como la familia Addams que conozco de la serie de TV de mi infancia. Realmente, me gustaban. Incluso he visto la película. Pero en el sueño no existe ninguna asociación ni con la TV ni con la película. Sólo sé que son estos personajes.

—¿Puedo mencionar una imagen que tuve cuando él estaba describiendo su sueño? –pregunta una mujer. Asiento con la cabeza. Ella se vuelve hacia el soñador–. Cuando hablabas de que estaban en el carrito de golf cogiendo las entradas tuve una visión del holocausto, no sé por qué razón, pero fue muy fuerte.

—Pienso que es relevante esta imagen del holocausto –remarco.

El grupo no sabe su relación tan cercana con el sida.

Yo había hablado en privado con el soñador. Desconozco qué puedo revelar en público. Espero.

—Mi pareja tiene sida –nos dice–. Se está muriendo. Y yo trabajo con pacientes con sida a lo largo de todo el día. Sí, la imagen del holocausto está muy relacionada con mi mundo.

El estado de ánimo en la sala cambia perceptiblemente. Lo ocurrido toma un acento grave. El trabajo con sueños con pacientes de sida a menudo empieza con una atmósfera pesada, depresiva, absorta en la monstruosidad de la existencia. Si los alquimistas tienen razón al decir que la refinada esencia del veneno es el remedio, que cada enfermedad conlleva su propia cura en su corazón —como vimos con el soñador del refrigerador cuya confrontación con la esencia del hielo creó la capacidad de saber estar solo—, me pregunto qué encontraremos en el espíritu del vómito del burro.

—Vamos a mirar el carrito de golf —decido poner el proceso en movimiento—. ¿Dónde se encuentran? ¿Están en una fila en el banco?

—La escena aquí es muy vaga. Tengo la sensación de que en el sótano están las jaulas del cajero. Pero son los únicos muebles. El resto es como un espacio. Alguna parte del comienzo del sueño se ha perdido. Tenía la sensación de que el carrito se movía a sacudidas, como ellos, sin ningún rasgo curvilíneo que quizás se espera de un vehículo. Como una producción teatral de bajo presupuesto, un par de cajas de cartón juntas, o algo así. Sólo esto era sustancial. Estaba hecho de fórmica de color marrón. Tenía algo en la parte de delante para poner las piernas. Era sólo un pequeño proyecto, pero no era suficiente, de alguna forma ellos estaban en esta cosa. Si tenían piernas no había manera de colocarlas. Es muy enigmático.

—¿Cómo se movía el carrito? ¿Había alguien empujándolo? —pregunta una persona del grupo.

—No. Creo que estaba motorizado.

—¿Tenía ruedas? —pregunta otra. El grupo conduce el proceso de preguntas.

—Tengo esta sensación, aunque realmente no está muy claro.

—¿Quién conduce?

—No puedo recordar su nombre. El marido de Morticia.

—¿Dónde está el resto de la familia Addams?

—No están allí. Allí sólo están Morticia y Gómez. Ahora recuerdo su nombre.

Gómez parece sólo un incidente. Morticia parece ser la persona central.

—No tengo ni idea de cómo es Morticia —remarco usando mi estatus de extranjero con carta verde como pretexto para mi inocencia cultural.

—Es muy delgada. Desvaída, anoréxica, con el pelo largo y negro, con un vestido tan ajustado a su cuerpo que no puede ni caminar porque no hay ni espacio para que sus piernas se muevan. Le llega hasta los tobillos, de manera que, si tiene que caminar, sólo puede literalmente mover una pulgada entre uno y otro. Otra vez, aparece la sensación de algo que no es natural en ella. Tengo la sensación de que es la que está causando la agitación. Particularmente para la mujer que la mira, Morticia lleva un maquillaje atroz. Va vestida de negro. Pero hay algo rojo también en alguna parte. No sé dónde. Quizás es Gómez quien viste de rojo.

—¿Tiene los labios pintados de rojo? —quiere saber una mujer.

—Sí. Parece una bruja con unas uñas muy largas pintadas de negro. —Combinaciones de rojo y negro, colores fantasmagóricos, insinuaciones del infierno.

—¿Te está mirando? —pregunto.

—No. No tengo una sensación de ego del sueño en este momento. No me encuentro en el sueño. Soy consciente de una gran cantidad de tensión y ansiedad. Una sensación de nudo en el estómago. Como si fuera alguien rechazado por ellos. Tengo la misma actitud que la mujer que está mirando. Siento el sueño desde su interior.

—¿Cómo sientes esta repulsión?

—Podría decir que es por cómo son, muy atroces. Pero creo hay un aspecto más profundo. Tiene que ver con el aura de muerte que circula alrededor. Viven en un castillo de fantasmas, en el límite entre el mundo de los vivos y el mundo de los muertos —retrocede—. Acabo de tener una fuerte sensación cuando he dicho «el mundo de los vivos y de los muertos». Una tensión me ha recorrido el cuerpo. Me cuesta respirar, como una irrupción de adrenalina y muchas lágrimas taponadas. Podría llorar hasta quedarme exhausto. Luego estoy bien durante un rato, pero más tarde vuelve otra vez. Estoy tan contenido como siempre.

—¿Qué asocias con los muertos vivientes?

—¿Hay algo de… –dice mientras mueve turbadamente las manos.

—Dilo sencillamente sin ningún juicio –le animo.

—A veces me siento así cuando estoy con mi pareja, porque está físicamente muy consumido, muy ido. Tiene una parte que ya está en el otro lado. Incluso me ha venido una imagen de él en la que estaba peor de lo que en realidad está. Esta imagen estalla ahora, allí en el cielo. Es muy parecida a la imagen de las víctimas del holocausto. Quiero irme –exclama–. Quiero huir de él. Quiero escapar. Tengo esta sensación increíble de energía contenida. Más tarde tengo una. Probablemente podría combatirla, pero no lo hago. Sé que el dolor de estómago está relacionado con algo que no es fácil de digerir. Pero el saberlo no hace que desaparezca.

—¿Qué es lo que te impide irte? –presiono.

—Amor. Sé que es mi compañero del alma. –Está muy metido en la ambivalencia del amor *in extremis*.

—¿Sientes esto en tu cuerpo?

—Ahora mismo, como una gran presión.

Recuerdo la imagen de la cabeza del perro cogida entre las manos y la sensación entre ternura y pérdida. Ayer, al llegar a este punto, él rompió a llorar. Hago una pausa mientras espero el momento adecuado para llevar el proceso por otro camino.

—¿Puedes describir dónde estás con el burro? –pregunto después de un largo silencio para empezar a movernos hacia el punto de mayor resistencia.

Transportamos su pena de amor hacia todo el ambiente relacionado con el burro porque en esa parte del sueño la sensación de repulsión está *in crescendo*. Al irnos moviendo hacia allí disminuye un poco la presión. Al hacerlo, complacemos un poco su deseo de huir. A veces, el trabajo con los sueños es como pescar un pez muy grande: las emociones esenciales están enrolladas y les vamos dando cuerda; el pescador siempre sabe que el hilo de conexión no debe romperse.

—Nos hallamos en el patio. Allí donde acaba la pared estucada hay una puerta pequeña que da al jardín. Los recordatorios del amor están en la pared. Allí es donde el burro cogió la bolsa de la compra. El patio tiene, para mí, una sensación idílica, como el sur de Italia o Grecia. Una pared estucada da la vuelta alrededor hasta la parte frontal. Es bastante alta. Puedo ver más allá. Hay una pequeña puerta, una pequeña entrada más arriba, a la izquierda. En la parte frontal hay como un pequeño jardín, césped, matorrales y algo como una especie de pared blanca que era la cabaña de mi amante. La única conexión entre ella y este patio son estos recordatorios.

—¿De qué manera te sientes cercano a esta mujer?

—Nos amamos físicamente. Fue una experiencia erótica y esto contrasta con la familia Addams. Siento un vivo placer después de haber hecho el amor con ella. Siento un agudo contraste entre esta sensación y la sensación de antes, la de querer empezar a correr. Mis músculos permanecen relajados. Siento una sensación de bienestar y también espiritual.

—¿Lo relacionas con las alas? –interpreto implícitamente.

—Esta sensación espiritual puedo sentirla en todo mi cuerpo. La siento transcendente. Y sí, cuando miro las alas, es muy intensa.

—¿Qué te sucede cuando miras las alas?

—Siento que puedo volar. Como si la mujer y yo volásemos juntos.

—¿En qué parte de tu cuerpo lo sientes?

—Tengo una sensación de ligereza. Mi respiración es fácil. Es una sensación de éxtasis, de hacer el amor. Una sensación como de acariciar las alas. Eran regalos de mi amada, eran muy simbólicas para mí. Fueran de plumas o de papel fino, eran muy delicadas.

—Las alas del amor –comenta un hombre suavemente.

—Sí –concuerda sintiéndose agradecido y comprendido. Por un momento, flotamos. Luego parece que nos hundimos. El cambio emocional se siente como si un repentino cambio de temperatura enviara a los bañistas dentro en busca de ropa. Esperamos.

—Sencillamente, siento una pena muy grande –empieza–. Siempre he tenido la sensación de que mi pareja y yo teníamos la mejor relación que jamás había visto y esto me produce una gran tristeza. No se puede imaginar una relación más rica, mejor o más fácil, lo que no implica que no tuviéramos dificultades a veces. —Esta descripción tan rapsódica de su relación se verifica por su intensa tristeza sobre la inminente pérdida—. Ahora mismo, el burro parece caminar en mi dirección —anuncia, de repente, al volver espontáneamente al sueño.

—¿Cómo son sus ojos? —pregunto de inmediato esperando que esta presentación del burro revele la identidad de la bestia.

—Tengo la sensación de que son tiernos —replica entornando los ojos—. Aunque lleve mi bolsa de la compra no tengo una sensación de rencor hacia él.

—¿Lo puedes oler? —pregunto consciente de que el olor puede revelar escondidas y poderosas emociones.

—Sí. Es un olor de animal. Muy fuerte, muy caliente, muy vivo. El olor se siente muy vivo, muy orgánico. Efervescente y tenaz. Me siento muy bien cuando estoy dentro de este olor. —Su columna se estira con vitalidad. Durante estos últimos cinco minutos he tenido la imagen de que el burro es muy cercano, que puedo acercarme y tocarlo.

—¿Sí? —pregunto ligeramente alarmado. Me preocupa que el ego pueda salirse de la realidad del sueño al mundo del hacer creer, como los burros de Disney que juegan como animales domésticos.

—Me gustaría, pero… —vacila

—¿Es tu burro? —Quiero saber para establecer su relación real con la bestia.

—No. No tengo otra relación con el animal más que la de estar aquí… —su tono de voz indica una cierta distancia entre él y el burro. Me alegra el haber preguntado.

Vuelvo otra vez al paisaje del sueño.

—¿Cómo te hace sentir el hecho de que el burro lleve tu bolsa?

—Es casi como si el burro dijera: «Bien, ¿vas a cogerla o no? Estoy aquí con ella».

—¿Puedes oler el burro otra vez? —pregunto volviendo a por un soplo de la realidad del sueño.

—Sí. Esta vez es de una cualidad agridulce. Obviamente, no es el mismo olor, pero me recuerda el olor de mi pareja. Es tranquilizador. Tiene una cualidad de lo esencial. Es una conexión con la vida.

—Una conexión muy terca con la vida. No se entrega –sugiero para que todos puedan ver la metáfora del burro que ahora se ha establecido firmemente por ella misma.

—Para mí, esto es parte de la dificultad de mi relación con el sida, ya que yo, desde fuera, he llegado a tal punto que me es muy difícil de llevar la enfermedad de otros. Desearía sencillamente que se fueran. No sé cómo será para mi pareja –él expía su deseo de muerte muy rápidamente y con elegancia–, aunque nosotros hemos tenido una relación absolutamente bendecida y esto ha sido realmente encantador, y tengo la sensación de que la muerte se desarrollará con la misma gracia con la que hemos vivido toda la relación. Pero he visto otras personas con sida que se han ido. Es muy doloroso estar a su lado. La fuerza de la vida permanece y permanece y permanece. Cuando pienso en mi situación, es muy difícil vivir en este contexto. Hay mucha disparidad entre su energía de vida y la mía. Cuido mucho de él y no recibo.

Todos intentamos digerir este amor en conflicto consigo mismo.

—¿Os ofrecen algo las alas a ti o a él? –pregunta una mujer.

—No es tanto lo que me ofrecen sino lo que representan. Es como el olor del burro. Es la misma conexión con la vida.

—Recordatorios de una vida jovial –metaforizo.

—Sí, hay parte de esto –asiente.

—De repente, al burro le entran náuseas. –Inesperadamente cambio otra vez de plano.

—Por haber masticado la cuerda. Y tengo la vaga sensación de que ya sabía que iba a ocurrir. Mi sueño lo sabía. «Claro, tiene la bolsa, la mastica y luego vomitará». Sabía lo que vendría. Luego arroja este ardiente material, tan denso y gelatinoso. Se puede moldear, pero no es de goma. Tiene luminosidad y una cualidad brillante.

Escupe sus frases como en *staccato*. Aguanto algunos momentos más en este cuadro, no muy seguro de cuándo volver a entrar en el terreno salvaje otra vez. ¿Cómo volver a las selvas que rodean los pasajes angostos?

—¿Se siente el burro más aliviado una vez que todo está afuera? –inquiere alguien.

—Sencillamente quisiera haberlo hecho. No sé.

—Tiempo –exclamo y me vuelvo al grupo–. Observad que aquí estamos yendo demasiado rápido. No se puede sentir a esta velocidad. No quiero que el soñador empiece a fabricar cosas. Quiero que esté con lo que está realmente presente. Por lo tanto, tenemos que volver a los sentimientos del soñador antes de poder empatizar con el burro y sentir lo que el burro experimenta.

—Vuelvo al soñador. Cuando dices que sabes que el burro vomitará después de masticar la cuerda, ¿es porque sabes que hay sustancias químicas que no puede digerir? ¿Te sientes vengativo con el burro?

—¡Exactamente!

—¿Qué sientes?

—Satisfacción. Una sensación de tener todo el derecho.

—¿Hay crueldad en ello?

—Un poco. Quizás. Es como «De acuerdo, adelante, has aprendido a hacer esta clase de cosas. Bien. Tú te lo has ganado».

Tengo la sensación de que ésta es la razón por la cual no intento ir en su busca. Está dando vueltas por ahí con mi bolsa. Con la bolsa que mi amante había hecho para mí.

—Porque sabes que él va a tener su merecido –remarco con un placer sádico.

—Sí, es así –sintetiza.

—¿Conoces este sentimiento, esta ligera sensación de venganza? Suena a algo oscuro, «esta satisfacción porque él va a tener lo que se merece. Estoy entrando con pies de plomo en esta parte siniestra del bosque».

—La asociación que tengo no es tan fuerte como lo que sentía en el sueño…, pero mi pareja no tiene el conocimiento de sus límites y se pone a sí mismo en situaciones en las que gasta mucha energía. Sé que va a esforzarse demasiado. Pero no puede verlo. Entonces enferma y se deteriora. Yo pago el precio.

—Muerde más de lo que puede masticar –musita una miembro del grupo como si se lo dijera a sí misma.

—Él va dando vueltas mientras tú tienes la sensación de que se está pasando –remarca otro.

—Sí. Y también hay una sensación de «Bien, ya tienes lo que andabas buscando». Siento algo así cuando se pone enfermo. «Bien, yo tengo razón, os lo dije, y él no hace nada bien. Lleva la enfermedad con una gracia increíble». –Hace una pausa. Obviamente adora a su amado–. Pero una de sus debilidades que es, precisamente, mi lado fuerte, es que yo tengo más sentido que él de cómo conducir sus energías, mejor de lo que él lo hace.

Sus palabras parecen ir a la deriva. Se distrae. Necesito saber qué está pasando.

—¿Qué sientes en este momento?

—Sencillamente volvía hacia el burro. Intentando llegar hasta él, que está por ahí dando vueltas. «Vida» es una palabra muy fuerte. Es casi como si él la enseñara. «Mírame con esta bolsa tan pesada ja, ja…». Hay parte de juego, de broma. Es casi como si fuera la manera natural de comportarse del burro. Lo hace precisamente por ser la criatura que es.

—¿Sientes cuál es la característica de esta criatura?

—Ser honesto consigo mismo.

—¿Puedes percibir su esencia de burro?

—Sí. Mucho.

—¿Cómo es esta cualidad de ser burro? –Continúo aumentando la presión. Nos dirigimos así hacia la esencia de esta bestia, y quiero condensar la sensación de vida del burro a la más elevada potencia.

—Quiere rebuznar.

—Y le gusta comerse la bolsa.

—Ajá.

—¿Le agrada el sabor de la bolsa?

—Me da la sensación de que lo que él quiere es lo que hay dentro de la bolsa. Y allí no están sus alas.

—¿Quiere sus alas, pero no puede conseguirlas?

—Sí.

—Y en lugar de esto le entran náuseas. ¿Cómo se siente la náusea? –Siento que voy aumentando la velocidad poco a poco, como si nos lanzáramos profundamente a una sensación visceral.

—No quiero decir frutos prohibidos, pero lo que hay en la bolsa no es para su estómago. No es comida para burros. Su estómago no lo puede aceptar y lo lanza fuera como si se tratara de un proyectil. Sale con fuerza y causa un mal olor que es horrible.

Nos sentimos revueltos.

—¿Cómo te sentiste al principio cuando lo oliste? –pregunto.

—Es muy desagradable. Me hace sentir confuso.

—¿Cómo sientes tu cuerpo?

—Confuso. No resiste demasiado.

Se calma. El primer soplo de una náusea total ha pasado.

—Parece que el burro ha parado de dar vueltas –remarca para hacer notar la calma–. Es verdad. Ahora ha encontrado un sitio central. Es la niña quien se ha montado encima rápidamente. Todo el movimiento está en ella ahora.

La atención da un giro y se centra en esta nueva entrada.

—¿Qué sucede con la niña?

—Este extraño sentido de lo macabro viene precipitándose.

Ella viene después del pedazo más grande y tengo la sensación de que lo quiere para algún experimento macabro. Ahora hay mucho movimiento. Las cosas van, en realidad, muy rápido.

Ella coge el trozo y yo me doy cuenta del niño tan extraño corriendo alrededor.

—¿Te es posible coger esta sensación de lo macabro que quiere hacer algo con el vómito?

—No es fácil porque es muy repugnante. No es natural. Va contra natura.

—¿Cómo sientes en tu cuerpo esta sensación «antinatural»?

—Con mucha tensión. Cuando me atraviesa me hace temblar.

—¿Hay un rasgo macabro antinatural en esto? –hago notar.

—Siento un 90 % de repulsión y este poco 10 % de poder corrupto. Es sobre el control de las fuerzas de la vida, el controlar las fuerzas del universo para este experimento macabro. Lo corrompe todo. Ésta es la energía que dirige. Esta descripción del 10 % suena como una descripción de la niña.

Al principio, la fascinación con lo corrupto está escondida detrás de la repulsión hacia la desintegración. Más tarde, mira furtivamente alrededor de la repulsión para demostrar el poderoso atractivo de su cara revuelta.

—¿Puedes sentir la corrupción que quiere el control de las fuerzas del universo? —pregunto para estar cerca del deseo de la niña de experimentar con lo decadente.

—Como ganchos clavándose arriba y abajo en mi espalda y en mi cuello. ¡Los siento retorciéndose! Podemos detectar rápidamente una incomodidad que se convierte en insoportable. La emoción tiene que salir. Ya no puede ser contenida.

—¿Puedes sentir las contorsiones en tu cuerpo? —Le doy un último empuje, de una manera sádica a fin de hacerle sentir verdaderamente la fuerza repulsiva de la corrupción.

Unas gárgaras, un sonido contorsionado lucha en su garganta. Su cuerpo se sacude como en una erupción.

—Sencillamente déjalo salir —animo para que el dolor salga a la superficie.

Respira fuertemente, como si fuera a vomitar en cualquier momento.

—Es pesado estar con esto —se queja, como suplicándome que lo deje de torturar.

He de juntar toda mi capacidad de crueldad para poder continuar. Parar ahora, por muy compasivo que pueda parecer, abortaría todo el proceso que podría liberar el conjunto de las emociones contenidas. Retumban débiles ecos sadomasoquistas de cámaras de tortura, de homosexuales de chaqueta de cuero negro, a medida que voy preguntando con íntima crueldad para que lo dejen salir.

—¿Puedes volver otra vez a los sentimientos del experimento macabro? —insisto—, ¿de estar envuelto en un experimento macabro? Sencillamente siéntelo —la presión es ahora insoportable. Se retuerce con el dolor—. Simplemente permanece con esto. ¿Puedes decir cómo es formar parte de un experimento macabro?

—¡Es una tortura! —dice ásperamente—. Es como ser retorcido con garfios.

—Y éste es el sentimiento que quieres anestesiar–. Inyecto la escena final del sueño, donde él mismo le inyecta un sedante al niño hiperactivo y macabro.

—¡Sólo quiero formar parte de esto! –exclama–. Es una energía increíble. Si sólo pudiera fluir…, sería mucho más fácil. Si la energía pudiera fluir a través, sería más fácil, pero está toda taponada.

—¿Dónde se para?

—En mi garganta. Se agarra alrededor de mi torso. Siento una presión no sólo allí, sino en todo mi ser.

—Simplemente, siente una vez más cómo es formar parte de este experimento macabro. –Tengo que continuar presionando–. Siéntelo. Déjalo que pase a través de ti. Déjalo salir.

La progresión hacia la rotura de la botella en este momento final del trabajo es espasmódico –casi alcanzándolo *in crescendo* y, luego, retrocediendo otra vez–, como la manera de avanzar del extraño y mórbido vehículo de la familia macabra, como el jadeo seco de antes de vomitar. Movimientos e impulsos construidos de esta manera en el sueño: el movimiento espasmódico del carrito de golf se convierte en los espasmos del burro vomitando para, finalmente, convertirse en este momento, bajo mi presión, en una labor agonizante que puede dar nacimiento al remedio. El trabajo con el sueño ha intensificado las tendencias hasta que se han convertido en algo completamente irresistible. Ahora, de repente, rompe en un agonizante grito que dura lo que parece ser una eternidad.

Se hiperventila y vuelve a gritar.

—Son como *electroshocks*, como *electroshocks*. –Hemos alcanzado el punto donde toda la corrupción de la presencia de la muerte tiene la intensidad de una ejecución.

Después de un rato, su respiración comienza a bajar.

Cuando le pregunto medio año más tarde qué es lo que recuerda, me dice:

—Fue como romper un huevo. Antes no podía actuar de una manera emocionada, libremente, pero, desde entonces, lloro, al menos, como dos veces al mes. No como lo hacía antes, sino realmente llorar. Es un sentimiento muy liberador. Antes no podía sentir el horror y esto me congelaba. Me mantenía siempre bajo una constante presión.

Los alquimistas tenían razón: en el corazón del veneno descansa el remedio. Al ir presionando hasta llegar al centro de la macabra ejecución, que es el sida, el huevo rompió hacia una nueva existencia. Como el sueño del refrigerador al mirar la esencia del hielo, este soñador de lo macabro tenía un horror esencial y una fascinación con el corrupto poder de la muerte, hasta que esto se convirtió en pura vitalidad. Es una ley que los antiguos griegos ya habían descubierto. La llamaban *enantiodromía*. Supone que cualquier fuerza, cuando alcanza su punto álgido, se convierte en su opuesto. Independientemente, los antiguos chinos habían llamado a esto la ley del yin y del yang.

Al mirar el trabajo, recuerdo algunas regularidades: la sensación de lo macabro, esencial para el trabajo, aparece por primera vez en el traje de Morticia. Con ella podemos imaginar esqueletos bailando en la tumba la danza macabra en tiempos de las pestes medievales. No nos sorprende, entonces, que su hija haga el experimento macabro. Sin su anhelo por experimentar en el sueño, no se hubiera podido hacer el trabajo. Se necesita un cierto placer por lo macabro, una curiosidad mórbida para trabajar con esta clase de material horripilante. Y si hay poca confrontación con todo esto, el origen pútrido, ulceroso del dolor, permanece taponado, alimentándose a sí mismo, convirtiéndose en parásito, chupando energía de su anfitrión. El sentido común quiere que pensemos en positivo, nos sugiere que las cosas no están tan mal, nos convence con estrategias. Aunque todo esto pueda dar un alivio temporal a los síntomas emocionales inmediatos, a largo plazo puede ir en detrimento del alma y del cuerpo, como lo demuestra la constante indigestión del soñante. Pero el ojo macabro ve que no es solamente malo, ¡es mucho peor! La realidad aterroriza hasta el punto de ser insoportable. Se necesita un ojo compasivo, con una claridad implacable, ante la horrible realidad de una vida vivida en el reino entre los muertos y los vivos, para permitir que el proceso de presión del veneno permanezca en la botella hasta que se transforme en remedio.

Algunas veces nos sentimos recompensados y sólo una vez que hemos digerido el veneno, el espíritu se libera.

En los talleres de sueños enseño habilidades prácticas. Usar ese momento de respiro después de un predestinado encuentro con lo macabro y con el poder de la corrupción sirve para reflejar algunas técnicas usadas en el trabajo con sueños. Miremos la «tecnología práctica» del trabajo con sueños.

Imagínate a ti mismo en un lugar placentero, donde puedes ver un paisaje precioso mientras oyes cómo me pongo mi sombrero de profesor (Uno de mis últimos sueños de mi ciclo de Australia dice que la vida es una historia con muchos y diferentes sombreros). Te daré una oportunidad para soñar despierto y tener tus pensamientos…

Del mismo modo que los alquimistas de la Antigüedad, que a diferencia de los químicos modernos trabajaban de una manera que ellos mismos no entendían como racional, nosotros trabajamos con lo desconocido a través de los materiales del sueño. Los alquimistas modelaban su material con imaginación y dedicación para facilitar la transformación de la materia que tenían entre manos. Un trabajador de los sueños actúa con el material onírico de un modo similar.

Los alquimistas llamaban *operatio* al hecho de actuar sobre la materia. Las operaciones alquímicas, incluida la construcción del fuego, empezaban con los materiales correctos, poniéndolos en los alambiques adecuados, calentándolos y mezclándolos en vasijas herméticas para transformarlos en nuevas aleaciones.

En el trabajo con sueños, la amplificación es como una operación que hace que una imagen resuene con otras similares y con historias de nuestra consciencia colectiva: nuestros cuentos de hadas, mitos, informes antropológicos, programas de televisión, películas, literatura, cómics, poesía, chismes, arte, noticias y religión. Esta resonancia amplifica la señal contenida en el interior de la imagen, por lo que es escuchada por la mente consciente. La amplificación empuja el significado hacia una imagen hasta que ésta, espontáneamente, estalla en la consciencia.

Mis descripciones de Mercurio, el viajero, en conexión con el sueño de la Academia de Leiden, son amplificaciones que me condujeron a la comprensión de que este sueño era una iniciación, cambiándome de un joven nostálgico a un hombre solitario, abrumado por la certeza de saber que nos movemos a través de varias realidades al mismo tiempo.

En el sueño sobre «el inseguro presidente en su Casa Blanca con el no pterodáctilo apareciendo por detrás», se puede amplificar el elemento «blanco» con historias fantásticas de inocencia, propaganda política sobre la supremacía blanca, la blanca «albedo» en alquimia que se refiere al amanecer de la nueva consciencia después de la noche oscura del alma, o al heroico caballero blanco con su brillante armadura en la imaginación popular romántica (por ejemplo, el *cowboy* con el sombrero blanco, el buen policía, Indiana Jones). Todas estas imágenes están vivas y tienen significado. Nos rodean como ondas de radio, alimentando constantemente nuestra imaginación, encendamos o no la radio. Al enfocar los cuentos de nuestros sueños colectivos en una imagen de un sueño «personal», ésta empieza a desplegarse con resonancia: de repente, me doy cuenta de la inseguridad de presidir de la «superior» mente blanca, terca con las convicciones científicas sobre la pérdida de su inocencia en el amanecer de un nuevo y arcaico día.

La interpretación es otra operación en el sentido alquímico de la *operatio.* Con la interpretación, reconocer el momento adecuado lo es todo. Normalmente, es mejor pensar que una interpretación ni es buena ni es mala, sino que aparece en el momento adecuado o no. Normalmente tiene lugar en las últimas fases del trabajo. Una interpretación prematura es una defensa de la muralla del yo habitual en contra de lo incomprensible, de lo salvaje del sueño. Ya que la interpretación nos conduce desde el sueño hacia el significado, tiende a hacernos perder la pista de la realidad del sueño en ella misma.

La interpretación tiene un seco y astringente efecto como el alumbre en una herida ensangrentada; y, de hecho, a menudo puede ser empleado para parar el torrente de sangre emocional. Un ejemplo de utilización del tiempo de manera adecuada de este astringente efecto procede de un *practicum:* después que la soñante había pasado un largo tiempo en una desesperada confusión, una mujer le susurró que esta confusión podría estar conectada a una situación de la infancia que la soñante había revelado previamente. La interpretación fue entregada de una manera muy suave. (Una casi imperceptible ligereza es la marca de una interpretación sutil, una carretera que atraviesa las murallas de la ciudad del yo, a veces, un simple juego de palabras sin énfasis da el trueque). De repente, la soñadora se dio cuenta de cómo su crítica madre –la presencia tanto la histórica (exterior) como la introyectada (interior)– la había hecho sentir siempre incompetente. Había tropezado con la fuente de su presente estado de confusión. La conexión interpretativa hecha por la asistente al *practicum* transformó instantáneamente el nebuloso estado de confusión en otro, el de poder darse cuenta. Como ocurre en la claridad del día que se puede ver lejos en la distancia, después de una larga noche de niebla y tormenta.

Si la interpretación se hubiera ofrecido demasiado pronto, la soñadora no hubiera estado lo suficientemente cerca de la herida en su alma, no se hubiera empapado bastante con el dolor que continuamente le causaba, y la transformación no hubiera surtido efecto. Para que emerja un concentrado estado de claridad, el dolor de la confusión tiene que ser completamente experimentado. Y cuanto más concentrado sea este darse cuenta, más fuerte será el efecto terapéutico en el sistema psicológico. Este efecto terapéutico es un producto importante del trabajo con sueños: el moderno trabajo con sueños occidental nació, después de todo, en las salas de consulta de los médicos.

Una *prematura interpretación,* por otro lado, hubiera sido el resultado de la inhabilidad de un trabajador de sueños y habría mantenido a la soñadora en una miserable confusión incapaz de hilvanar la atmósfera de vaguedad gris y de sonidos torpes. Cada experiencia necesita tiempo para madurar completamente. Éste es el trabajo y el reto del grupo de sueños –o de aquel aspecto observador de uno mismo– o del trabajador de sueños: contener al soñador en la incómoda posición de esperar a que los sentimientos maduren, al mismo tiempo que se le proporciona un sentido firme de seguridad para que pueda mantener esa incomodidad.

El análisis de la estructura estudia la lógica con la que una imagen se construye, del mismo modo que un ingeniero ve la construcción de un puente, o que un artista observa una composición. En el sueño de la Casa Blanca, el foso ancestral del alado fantasma no pterodáctilo es el telón de fondo para el encuentro de los ministros de la mentalidad blanca. Constituye una composición de primer plano y fondo: blanco en el primer plano, oscuro en la parte de atrás. El no pterodáctilo puede ser visto desde el punto de vista de la vitrina blanca, mientras que los hombres blancos pueden ser observados desde la perspectiva del espíritu ancestral que empieza a salir. Blanco en contraste con negro/rojo; primer plano versus plano de fondo: cualquier análisis de la imagen tomaría estos aspectos composicionales para poder tener una visión de la lógica inherente a la imagen misma.

Los elementos estructurales comunes del sueño son: *contraste, paradoja y giros* o *cambios* súbitos. En el sueño de la Casa Blanca hay un fuerte contraste entre los pájaros y las vitrinas, entre la Casa Blanca y el foso, entre la autoridad presidencial y la inseguridad. Este giro o cambio tiene lugar en el momento en el que, de pronto, aparece el foso. Cada uno de estos elementos estructurales puede ser usado como un pivote alrededor del cual el trabajo con el sueño pueda ir encajándose. Es posible concentrar el trabajo en el conflicto interior dentro de la mente del presidente, usando la técnica de la transición. Al introducirnos dentro de los pájaros, dentro de los ministros, experimentamos la diferencia. De esta manera, es fácil sentir el simbolismo de la Casa Blanca y contrastarlo con el sentimiento del foso. O podemos concentrar nuestra atención en la repentina aparición de los pájaros como una erupción ancestral.

El análisis estructural es particularmente importante en relación a la duración de todo el proceso; es decir, al modo en que repartimos el tiempo para cada uno de los elementos del sueño. Cuanto más corto es el tiempo del que disponemos, tanto más elevada ha de ser la marcha. La divisa del alquimista es: «Tengo prisa, ¡voy lentamente!». Es la lentitud del trabajo la que nos lleva a las profundidades. Una marcha rápida no significa ir haciendo carreras por entre las imágenes del sueño a gran velocidad. Sería sencillamente una especie de canal de surfing donde ejercitamos nuestras habilidades con control remoto desde una distancia segura respecto del impacto emocional. Una marcha elevada está basada en la selección de algunos elementos esenciales del sueño. Cuando la marcha es alta, el trabajo tiene que estar ordenado dentro del tiempo disponible de acuerdo con las bisagras estructurales en el sueño. Por otro lado, el trabajo con el sueño, virtualmente, no acaba nunca. La vez que estuve trabajando (en grupo) con un solo sueño durante más tiempo, fue alrededor de unas ocho horas. Nosotros acabamos agotados, pero no el sueño. El trabajo con sueños siempre sufre limitaciones de tiempo. El trabajador de sueños lo organiza de tal manera que siempre hay suficiente, una vez que se haya llegado a los puntos de mayor resistencia. Los sueños largos normalmente requieren de una mayor organización.

Para poder facilitar una adecuada organización, el líder, después de haber oído por segunda vez el sueño, decide una estrategia en relación con el movimiento: dónde empezar, qué puntos tocar y dónde finalizar. Esta estrategia se abandona a la primera oportunidad; la estrategia sirve para que el líder se dé cuenta de la cantidad de material, en relación a la longitud del sueño, y a la cantidad de tiempo disponible.

Las bisagras que yo empleo más frecuentemente para marcar el tiempo son los contrastes y las paradojas. Los sentimientos contradictorios son válidos porque expanden nuestra habilidad para contener materiales conflictivos psicológicos sin necesidad de que estallen. Una *experiencia consciente de la paradoja* dilata el alma. Las paradojas se pueden encontrar, por ejemplo, al contrastar los sentimientos encarnados por la osadía de la idea de la Casa Blanca en el centro del poder occidental, y la experiencia de estar en lo más hondo del foso intentando llegar al mundo que es, fundamentalmente, diferente del de la modernidad. Puedo sentir el poder de la Casa Blanca en la rigidez de mi brazo derecho y en mi puño –el ambiente de la Casa Blanca es una atmósfera que me rodea por todas partes–, mientras que el lado izquierdo de mi cuerpo siente, al mismo tiempo, la radiación que procede del fondo del foso, haciéndome sentir como una bolsa abierta al infinito, percibiendo que mi corazón se encoge de miedo. Al intentar sentir ambas partes de mi cuerpo al mismo tiempo, éste va componiendo la ansiedad del lado derecho y el dolor del izquierdo. Observo una corriente central que me divide como una grieta. Mi manera de caminar en la Casa Blanca es estridente, mi lado izquierdo va descalzo. Mi lado derecho se siente heroico, como las estatuas de mármol blanco, monumentos que tanto abundan en las capitales de Occidente; mi lado izquierdo se siente como un niño yendo río abajo a través de una selva oscura. La diferencia crea tensión. Intento mantener esta tensión durante un tiempo, incluso si, anteriormente, ha sido insoportable. Mi lado derecho lo ve como un alma calisténica que entrena los músculos del alma del mismo modo que un aparato mecánico entrena los pectorales a fin de ensanchar el pecho. Mi lado izquierdo siente qué elementos de mí mismo son los esenciales. Por un momento existe un «yo mismo» esencial, aceptando un mundo en conflicto sin reprimir nada que habite en cualquier lado de la división. Soy la parte derecha, la izquierda… y la división. Soy la paradoja. Soy yo mismo verdaderamente.

Trabajar con el contraste es impresionista por naturaleza. Consiste en sentir la amplia gama de experiencias que el sueño tiene que ofrecernos, como la rica variedad de colores que vemos en una pintura impresionista; cada color en sí mismo otorga el contraste con un diferente matiz, cada cual contribuye a un efecto total. Puedo sentir al inseguro Clinton, los pájaros que vuelan a gran altura, los miembros decisivos del Gabinete, la sensación de la mesa entre ellos, la oscuridad del foso. Puedo sentirme en la presencia visceral de todos ellos. Es similar al trabajo con la paradoja descrito más arriba; sin embargo, al trabajar con el contraste, continúo mezclando las sombras del color sin elegir las dos que son particularmente opuestas.

El trabajo impresionista a menudo se queda corto porque trabajar con la paradoja es emocionalmente muy espectacular. La comprensión de que el hecho de trabajar con la paradoja puede ser una seducción me vino en uno de mis sueños mientras estaba en Australia como la voz de un nuevo pueblo:

Algunas personas nuevas en el *practicum* están discutiendo el método. Dicen que es interesante observar qué es lo que hace que las cosas cambien. El colíder de mi grupo de sueños de Tokio se ríe y dice: «Partimos del supuesto de que es posible sentir lo que el otro personaje está sintiendo. Pero es sólo un supuesto, porque puede que no sea así». Escucho muy atentamente y digo: «Es una buena idea ver lo que hace que las cosas cambien porque ni yo mismo estoy satisfecho con el hecho de que siempre acabemos en esta paradoja, siempre es lo mismo; y estamos de acuerdo en intentar saber cómo las cosas cambian. Es una buena idea porque el problema junguiano es que siempre acabamos con la paradoja. Y se convierte en algo aburrido».

Obviamente en este sueño, yo, con mi sombrero de profesor de trabajo con sueños, no quiero confrontar el reto de si la técnica de identificación que he desarrollado –los tránsitos– es, después de todo, realmente posible. Sin embargo, acepto la noción de que un movimiento rutinario hacia la paradoja nos lleva a la sensación de «¿entonces qué más hay de nuevo?». Lo que realmente parece importar es la experiencia de cambio.

Como ya he mencionado, observar las sensaciones físicas y los cambios de estados de ánimo mientras escuchamos nos hace receptivos a una posible comunicación simbiótica. Del mismo modo que le describí a Ilyatjari mediante el ejemplo del sueño del globo, esta autoobservación de los cambios en la atmósfera puede verse como indicaciones de resistencias.

(Muy a menudo, en los talleres de sueños y en los *practicum*, quienes están muy cerca del soñador tienen unas experiencias físicas y emocionales más fuertes. Parece que la proximidad aumenta la comunicación simbiótica).

Cualquier forma de distracción mental mientras escuchamos, normalmente el aburrimiento, nos lleva al punto de las resistencias. La resistencia se distingue –tanto en el consciente como en el inconsciente– por la experiencia de repeler. En el trabajo con sueños, *allí donde nos sentimos presionados, empezamos a nadar contra la corriente.* Para aumentar mi conocimiento de las resistencias, por consiguiente, tomo nota del momento en el que pierdo contacto con el sueño. Puede ocurrir que no me sea posible escuchar más porque esté cansado, sentirme a la deriva o permitir que otros pensamientos lleguen a mi mente; puedo empezar a sentirme aburrido, a querer abandonar la habitación, incluso a no querer tener nada que ver nunca más con el soñador otra vez, o cosas por el estilo. Distracciones así nos hablan de lugares donde el material nos repele, y esta repulsión puede indicar una radiación producida por el muro protector alrededor de la herida que duele. El trabajo con sueños asume –recordando el papel de Mercurio sobre el veneno y el remedio– que el remedio para el dolor está hecho con las heridas que lo causaron. Este movimiento contracorriente de la resistencia psicológica también aparece en la mente de los alquimistas, que consideraban su trabajo como algo contra natura, un movimiento contra el orden natural. ¿No fueron ellos quienes acuñaron la frase «ve con la corriente»?

Jung llamó a la interacción entre consciencia despierta y la imaginación del sueño *imaginación activa.* Fue una de las técnicas más frecuentemente usadas por los alquimistas en su trabajo con las profundidades de su material. Consiste en un diálogo entre la realidad del ensueño y la mente consciente indagadora.

A diferencia del sueño lúcido –como en el sueño de la academia de Leiden, donde sé que estoy durmiendo–, la imaginación activa tiene lugar mientras estoy despierto; esto ocurre en el lado despierto de la conciencia liminal. La experiencia de la realidad del ambiente del sueño es menos absoluta en el caso de la imaginación activa de lo que lo es el sueño lúcido. De todas formas, la imaginación activa se puede conseguir en cualquier momento mientras permanecemos despiertos, y con un poco de entreno, más o menos a voluntad. Diferencio entre dos formas de imaginación activa: imaginación activa limitada e imaginación activa libre.

La imaginación activa limitada se usa para recordar el sueño. Se trata de intentar moverse lo más cerca posible a lo largo del contorno del sueño a medida que éste es recordado. Nuestro trabajo con el sueño en la escena con la mujer en el bar que enseña la fotografía al hombre nos proporciona un ejemplo. De una manera similar, el experimento en el capítulo tres: iniciar el camino hacia la identificación con «la otra persona del sueño» o transitando constituye un modo distinto de imaginación activa limitada.

Imaginación activa libre es lo que Jung llama «soñar el sueño hacia adelante». La imaginación activa libre empieza con una imagen auténtica (normalmente prefiero empezar con una imagen del sueño y no con una invención del ego) e ir desplegando una acción auténtica desde allí, mientras que el yo despierto permanece constantemente consciente de la realidad de las imágenes que observa. Jung dijo que si durante la imaginación activa ves un león en la Bahnhofstrasse (la principal calle de tiendas en Zúrich) y no respondes con un gran estado de alerta o con un sentimiento de miedo, no estás en imaginación activa, porque para ti no es real. (Por esta razón, esperar que en una situación así un león hable, siempre me suena sospechoso. Pero si lo haces hablar, probablemente te estés inventando historias). Otra característica de imaginación activa verdadera, sea libre o con límites, es la aparición de acontecimientos completamente inesperados. Si la imaginación se desarrolla de un modo previsible, lo más seguro es que te estés inventando una película.

Para asegurarnos que no nos vamos demasiado lejos del sueño, de una manera regular, es mejor moverse desde la imaginación libre hacia el recuerdo del sueño. «Volvamos al sueño» sigue siendo una frase oída muy a menudo en el trabajo con sueños, especialmente si tenemos la sensación de que el soñante empieza a inventar cosas.

Una manera de saber si una imagen es auténtica o inventada es *midiendo la profundidad*. En el sueño del globo que le describí a Ilyatjari puse un ejemplo de comprobación de la profundidad.

Imagino el trabajo con sueños como bucear. A medida que uno se sumerge en las profundidades, la presión aumenta. Esto se experimenta como una concentración que va creciendo y como un descenso de la observación de los sucesos que tienen lugar fuera del trabajo.

Mientras realizamos la sesión en una ciudad, las sirenas de la policía que no paran de sonar durante toda la tarde se apagan gradualmente. Dejas de notar la incomodidad de la silla en la que estás sentado. El tiempo opera en otra dimensión. Cuando vuelves de las profundidades del trabajo, te sorprendes de cuánto tiempo –o de cuán poco– ha transcurrido: el tiempo de las profundidades, la mayoría de las veces, es diferente del tiempo de la superficie.

Mientras la atmósfera es densa, la experiencia de la imagen se vuelve más visceral. La sensación de que las imágenes son débiles desaparece. Al mismo tiempo, la experiencia de estar mirando la imagen se transforma en la de estar inmerso dentro de la imagen, que gradualmente va rodeándolo todo, tal como sucede con las cosas físicas.

Aquí tenemos una experiencia directa del más importante descubrimiento de Jung, la denominada realidad del alma. Es posible ver junto con Jung que el alma no está en ti, pero que tú estás en el alma. El alma es un ambiente que te rodea. En el nivel de la realidad del sueño el alma es un paisaje. Jung e Ilyatjari estarían de acuerdo en esto. En lo profundo, el alma es un ambiente.

Cuando uno se encuentra en el interior del mundo de la imagen, el trabajo ha adquirido profundidad. En este punto, las imágenes se han estabilizado. Ya no revolotean de una manera fortuita como en los sueños de día, pero mantienen su forma por un cierto período de tiempo. Cuando esto empieza a pasar normalmente, uno se encuentra en un estado de profunda concentración, con un enfoque bien definido. La imagen nos rodea de una manera muy densa, mientras que la experiencia de la realidad en la que te encuentras viene, a menudo, acompañada de sensaciones físicas y de reacciones corporales frente a una atmósfera que se muestra palpable.

Es importante reconocer la fluctuación en la profundidad durante el trabajo, ya que constituye un buen indicador de las resistencias.

Cuando las resistencias aumentan, nos sentimos presionados hacia la superficie. A menudo, en los grupos de trabajo donde la gente acostumbra a permanecer con los ojos cerrados, se puede observar que los participantes abren los ojos al mismo tiempo: han sido presionados hacia la superficie de una manera simultánea por la fuerza de la resistencia. (Al sumergirnos nuevamente en la profundidad, puede sernos de gran ayuda volver a recordar los detalles del sueño. Esto nos lleva a una imaginación activa limitada para volver otra vez al interior).

Precisamente por esta característica del trabajo, la de tener diferentes niveles de profundidad, las preguntas que le hacemos al soñante tienen que corresponderse con el nivel en el que se está desenvolviendo el trabajo presente. En el sueño del globo, no hubiera sido útil preguntar sobre las asociaciones mentales en relación al policía en el momento en que ella experimentaba la sensación de estar en una camisa de fuerza. Esta sensación apareció en otro nivel más profundo —como se demostró por las sensaciones físicas en el pecho que acompañaron tanto al soñante como al trabajador de los sueños—, y una pregunta sobre las experiencias de su vida diaria con la policía la hubieran llevado de vuelta a la superficie, alejándola de su cuerpo e introduciéndola de pleno en su mente. A las preguntas de este tipo las llamo preguntas de contexto. Normalmente, pregunto por el contexto antes de empezar a trabajar con el sueño, antes de enfocarme en el material y de dirigirnos al punto donde la imagen nos rodea. De esta manera, puedo insertar estas respuestas en las preguntas de contexto sin perder la profundidad.

En el momento en el que una imagen se está experimentando con todos los sentidos y la atmósfera del sueño ha penetrado completamente en el soñador, pregunto: «¿Te recuerda esto a algo? ¿Alguna vez has tenido una experiencia similar en tu vida?».

Esto es un requerimiento para las asociaciones y, mirado de una manera superficial, si bien puede ser muy parecido, es en realidad bastante diferente de la información del contexto. Hay una gran diferencia si la pregunta se ha hecho en la superficie, como lo son las preguntas de contexto, o si se ha hecho en un nivel más profundo, donde toda la persona está envuelta en la realidad del sueño. Los requisitos para las asociaciones conducen a una exportación de los ánimos y las sensaciones presentes en el trabajo y en la biografía del soñador, generando conexiones entre lo que siente en el sueño y los recuerdos del pasado, a fin de importar las sensaciones conectadas con estos recuerdos otra vez, de regreso al trabajo con el sueño. La soñadora que fue llevada de su niebla desorientada a una sensación plena de claridad como resultado de una interpretación hecha por otra asistente al *practicum*, recordó cómo su crítica madre le había hecho sentir siempre incompetente. Las asociaciones afloran a la superficie alrededor de la madre y la autoaversión que ésta causó en su hija.

Las asociaciones, a menudo, nos conducen a una situación del pasado, a los recuerdos que han estado conviviendo con el soñante como sensaciones físicas, congeladas en un estado de memoria corporal. Un dolor sentido en el pecho, cuando se encuentra con un hombre desconocido en un sueño en un parking oscuro, repentinamente hace emerger la horrible noche de tiempo atrás con la horrible canguro. Las lágrimas de dolor empiezan a salir del pecho constreñido, como si el síntoma se convirtiera en pura emoción y empezara a respirar libremente, como si lo hubiera estado evitando desde aquella noche tiempo atrás...

Existen también dos cosas curiosas; las preguntas de *clarificación* e *intensificación*. Una clarificación nos lleva a una descripción más allá del sueño, a conseguir un sentido más nítido de la imagen con la que estamos trabajando. Estas preguntas, normalmente, se hacen al principio del proceso.

Cuando las preguntas de clarificación se prolongan por un período demasiado extenso, la sensación de estar como parado en la superficie de la imagen se torna cada vez más incómoda. En este punto es interesante hacer un giro hacia la intensificación, lo que permite que la imagen presione al soñador y le dé tiempo para que pueda ir concienciándose. Las preguntas se convierten en repetitivas y el arte del trabajo reside en insistir con la misma pregunta de muchas y diferentes maneras, de tal forma que aparezca la misma pregunta en cada suceso desde diferentes ángulos. («¿Cómo se mueve la persona? ¿Cuál es el movimiento de su columna? ¿Hay fanfarronería en su manera de caminar? ¿Qué le pasa en el cuello? ¿La velocidad de su movimiento es siempre la misma? ¿Qué ritmo tiene?»).

Como trabajar con sueños, normalmente, es algo muy visual, nos conduce a entrar en una disciplina que también utiliza la imagen como medio de expresión: el cine. Me encanta el cine. En nuestro trabajo, a menudo, hacemos referencia a las técnicas y a los procedimientos cinematográficos como lentes, pantallas, movimientos lentos, imágenes congeladas o movimientos rápidos de avance.

Podemos empezar a mirar todo aquello que rodea nuestro sueño como si fuera una pantalla de gran angular, que podemos utilizar como soporte y, desde aquí, empezar a hacer un *zoom* lento en algún elemento que necesite de un enfoque más cercano. Al intensificar el enfoque, agregamos presión al detalle, para que éste logre revelarse con más claridad.

Una mujer es mordida por un perro y la herida empieza a enconarse.

Primero nos concentramos en la totalidad con el uso de la óptica del gran angular. Experimentamos la atmósfera del suceso en su totalidad. Luego, hacemos un *zoom* en la herida de su muslo. Ella siente que ha enfermado.

Al usar una lente de gran aumento, observamos que la herida ha llegado al campo de la consciencia. De repente, un miedo a ser violada aparece por todas partes. Ahora creamos una imagen congelada de esta experiencia al prolongar el foco. Este miedo a la violación se transforma en una sensación de haber sido ensuciada. Ella recuerda una violación y su pérdida de la inocencia. Súbitamente se siente muy calmada en medio de la violencia. Durante la congelación de la imagen las emociones se transforman.

Un hombre baja las escaleras y llega a una habitación en la que no había estado nunca.

Con el uso de la ralentización enfocamos el movimiento de los pies desde el primer escalón hasta el último. El hombre reconoce de inmediato que, si da este paso, las cosas no volverán a ser las mismas.

En el movimiento lento experimentamos la excitación, las esperanzas y los miedos en la decisión de explorar lo desconocido.

Todos tenemos habitaciones en los sótanos que nunca hemos visitado. Su naturaleza desconocida nos fascina y nos atemoriza al mismo tiempo.

8

EL MAPA DE NUESTROS PROPIOS SUEÑOS

Los sueños forman parte del soñar, y el soñar es una corriente que constantemente crea mundos. Estamos llenos de sueños que vienen unos detrás de otros.

Una de las más recientes investigaciones en sueños nos muestra que éstos tienen lugar no sólo durante la fase REM del sueño (movimiento rápido de ojos o etapas del sueño durante las cuales los ojos se mueven velozmente detrás de los párpados cerrados), como había sido entendido hasta ahora —dos horas de sueños cada ocho horas de dormir—, sino que también ocurren durante otras etapas en las que previamente se consideraba que no existían sueños.

El profesor Marino Bosinelli, un investigador de los sueños, del Laboratorio del Sueño de la Universidad de Bolonia, Italia, internacionalmente respetado, me escribió:

> Como los períodos de no REM incluyen los estadios 1, 2, 3, 4, los siguientes datos conciernen a ambos, a los comienzos del sueño (el estadio descendente 1 y 2) y al sueño de ondas lentas (estadios 3 y 4). Por lo que concierne al estadio de inicio, el porcentaje de recuerdo del sueño alcanza de un 65 % a un 70 %.[3]

---

3. M. Bosinelli, P. Cicogna y S. Molinari, «The Tonic-Phasic Model and the Feeling of Self-participation in Different Stages of Sleep», *Italian Journal of Psychology*, 1:35-65 (1974). También, M. Bosinelli, «Recent Research Trends in Sleep-onset Mentation», en S. Ellman y J. Antrobus (eds.) *The Mind in Sleep*, 2.ª ed., Nueva York: Wiley, 1991, pp. 137-142.

Siguiendo el sueño de ondas lentas del despertar, el porcentaje de sueños recordados alcanza de un 64% a un 77%.[4]

Si entiendo estos datos de una manera correcta, esto quiere decir que, cuando dormimos ocho horas, alrededor de unas seis las pasamos soñando (dos horas del período REM más cuatro de las seis horas del período no REM), lo cual suma unos veinte años pasados en estado de ensueño durante los ochenta años de promedio de vida.

No obstante, es esencial no mirar a los sueños como algo individual, sino como algo continuado, como si pudiéramos verlos existir en un estado de continua relación entre ellos. Como los espaguetis que cruzan los dibujos de los sueños de los aborígenes australianos, intersecctionando y cambiando continuamente. Los antepasados del tiempo del sueño soñaron este mundo, y con la ayuda de estos dibujos el mundo de los sueños explica cuentos que están enlazados entre sí por medio de estas líneas interconectadas.

Los sueños individuales son como sitios que pueden ser visitados, así como las canciones que uno sueña. Es como poder ver las imágenes de mi pensamiento en paralelo con gente que nunca he conocido y que existió hace cincuenta mil años, separados de nosotros después de la Era de los Glaciares. O algo así.

Momentos de sueño conectados con los de los otros a lo largo de caminos temáticos y de autopistas en el universo del soñar. Esto es lo que yo llamo la estructura del ensueño.

C. G. Jung, en su conferencia de Eranos en 1935, fue el primer investigador de los sueños que trabajó en un informe cronológico, con series de sueños para tratar de entender el proceso inconsciente. Esta conferencia apareció más tarde en su libro *Psicología y alquimia*, donde trataba de la relación entre el arte perdido y su íntima relación con los sueños. Los sueños que utilizó fueron los del gran científico y genio de

---

4. C. Cavallero, P. Cigogna, V. Natale, M. Occhionero y A. Zito, «Slow Wave Sleep Dreaming», Sleep, 15(6): 562-566. (1992). También, M. Bosinelli, *Mind and Consciousness During Sleep*. Simposium en «The Function of Sleep», *Behavioral Brain Research*, 1995 (en prensa).

nuestro siglo, el físico y premio nobel Wolfgang Pauli (llamado por sus colegas científicos «la Conciencia de la Ciencia»), que había trabajado en sus sueños con un colega muy cercano a Jung. Por lo tanto, el trabajo con series de sueños procede, por así decirlo, de la noche de la ciencia.

La parte más difícil del trabajo con sueños es aquella que hacemos con nuestros propios sueños. Sin ayuda del exterior, de algún grupo, o de alguna persona en concreto, es duro prevenirnos a nosotros mismos de ser equilibrados por las resistencias.

El mejor método para empezar tu propio camino en el mundo de los sueños es comenzar con las series de sueños. Éstas nos dan un informe de sucesos de sueños antiguos que vamos recordando a partir de un orden cronológico. En este caso, la naturaleza rancia de los sueños viejos se convierte en una ventaja. Es como si estuviéramos removidos por unos sucesos que ocurrieron hace años luz y, al volver la vista atrás en un gran océano del olvido, podemos ver en las constelaciones distantes nubes de forma parecida que aparecen a través de las diferentes narrativas. De esta manera, descubrimos pistas en los mundos del sueño en que hemos vivido. El distante paisaje de estrellas se convierte en un paisaje terrenal capaz de ser marcado.

A modo de ilustración sobre cómo podríamos trabajar con series de sueños, he elegido siete semanas de mis propios sueños, empezando por el día que llegué a Australia y continuando tres semanas más a partir de mi regreso a casa. El último sueño de esta serie fue seguido por un espontáneo hiato de mis recuerdos sobre los sueños de algunos meses. Mi viaje a Australia fue parte del cambio de estaciones en mi vida; estas series ponen de manifiesto este cambio de mundos. Las series de sueños durante los períodos más fructíferos de nuestra existencia —cuando se está incubando una nueva vida— son seguidos por un escrutinio superficial de su infraestructura, que moldea como una fibra óptica la red en el espacio onírico.

Me sonrojo al pensar en todas las revelaciones de mi propia naturaleza que, inconscientemente, voy a presentar. Los demás siempre pueden ver más en nuestros sueños de lo que nosotros mismos podemos ver. No me hubiera sentido libre de divulgar públicamente una cantidad tal de material íntimo si éste perteneciera a uno de mis pacientes.

Me siento fortalecido por el hecho de que estos sueños no son particularmente diferentes de los otros miles de sueños de la otra gente a la cual he tenido el privilegio de observar y en los cuales he podido entrar durante los pasados veintitrés años, en diferentes lugares por todo el planeta. De todas formas, no hubiera sido necesario recurrir a esta explicación para mantener una imagen de mí mismo si no me hubiera sentido turbado en este momento. Apelo a vuestra clemencia.

Método

Permitidme enfatizar desde el principio, y nunca lo haré lo suficiente: *trabajar en las propias series de sueños tiene que ver con el proceso de hacer y no con un resultado.* El producto con el que acabas es irrelevante, comparado con el cambio en el que te sumerges cuando, de una manera seria, emprendes este trabajo.

Estas cincuenta y tres entradas, hechas durante un período de siete semanas, dan un informe detallado de los sucesos oníricos contenidos en un período de tiempo que rodea una experiencia de vida: mi viaje al centro de otro mundo, donde descubrí los efectos de la muerte de mi padre.

En el apéndice del final del libro he incluido cincuenta y una de las entradas de mi diario de sueños de cincuenta y tres de ellas. Cincuenta y tres es casi una inimaginable cantidad de sueños con los que trabajar. Sugiero que empecéis a trabajar con menos de veinte.

También me gustaría indicar que, al leer los ejemplos que ilustran estas series, primero leyeras el resto del libro y, sólo entonces, volvieras al apéndice con las entradas del diario. Con tal cantidad de sueños hay mucho más material del que puede ser utilizado en cada paso. Si continúas, intenta seguir mis pasos en el sueño. Es mejor leer primero el ejemplo, luego ver el material del diario del cual éstos surgen, para después quizás, volver a los ejemplos a fin de lograr una completa comprensión de cada paso.

Paso 1: Construir un diario de sueños flexible

Mecanografía o imprime tus sueños en un papel de 28 x 20 cm. Como puedes ver en mi propio material, yo es cribo los míos de una manera muy concisa. El texto ha de ser sencillo, lo suficiente como para permitirme tener acceso al sueño mientras está aún fresco.

Extiende estas hojas en el suelo cara abajo conectando cada una con la otra por el lado vertical ubicando de una manera cronológica todos los apuntes del diario que quieres procesar. Haz una especie de carpeta en forma de acordeón, usando cinta adhesiva transparente en la parte de atrás. El acordeón contiene los recuerdos del desierto del soñar. Desde cierta distancia parece un rollo horizontal con columnas verticales.

Paso 2: Construir el mapa y la infraestructura

Coge un lápiz y una regla y comienza a conectar todas las imágenes que te parezca que son similares: la estructura que resulta crea un mapa. Para hacerlo, lee lentamente todo el texto y familiarízate con todas las imágenes. En la segunda y última lectura haz las conexiones. A algunas personas les es útil usar lápices de diferentes colores para indicar las diferentes conexiones temáticas. (Yo siempre utilizo el color negro. Al final, mi infraestructura siempre aparece un poco sucia incluso cuando uso una regla para guiar el lápiz de un punto a otro). Es un trabajo muy laborioso. Espera resistencias. Al principio, el material puede parecer impenetrable, desalentador e incapaz de manejar. Parece como si hubieras elegido un trabajo ridículo. Puede que creas que estás loco por honrar aquello que no tiene sentido con demasiada atención. Todas éstas son claves que te indican que debes continuar. Irrumpe tu miedo a lo desconocido, como indicándote que estás penetrando en la oscuridad.

Un ejemplo de cómo hacer una infraestructura: una amiga de mi edad discute sobre el divorcio mientras está sentada en una mesa larga

(1). En el siguiente sueño (2), encuentro una mesa larga que conduce a una boda. Dibujo una línea de conexión entre las dos «mesas largas» y señalo que el divorcio y la boda son los finales opuestos de un matrimonio. Las mesas largas me recuerdan la boda de mis mejores amigos (39). Ahora estoy con el rollo de papel y señalo las referencias a las bodas que están por todas partes. El matrimonio tiene que ser un tema central.

Paso 3: Identificar agrupaciones

Después de trazada una infraestructura con el material, observa grupos durante un tiempo: conexiones temáticas hilvanadas entre el material con ayuda de las pistas que has ido identificando al construir la infraestructura. Yo he distribuido mi material en más de trece grupos. Estos grupos sirven como primeros contenedores del material, arcones para guardarlos.

Ejemplo: Grupo A: Matrimonio, depresión y soledad. Una amiga de mi edad discute sobre el divorcio mientras está sentada en una mesa larga (1). Encuentro una mesa larga que lleva a una boda (2). Mesas largas en la boda de mis mejores amigos (39). Una pareja del siglo xix baila un vals mientras le pregunto a ella si se quiere casar conmigo (35). Mesas largas en una conferencia (17). Me siento ineficaz en la conferencia (3). Me siento decepcionado porque la gente no ha venido a escuchar mi conferencia (17). Me siento ineficaz en general porque no escribo nada mientras que los demás son fuertemente aplaudidos (3). Mi mujer es vieja y con el pelo gris (1). Parezco agotado (3); estoy aburrido y solo (1). Me he quedado vacío (32).

Paso 4: Meditar

Después de hacer una infraestructura y de identificar los grupos, dedícate a meditar sobre la vida de uno de ellos (repítelo con cada uno de los grupos).

EjEMPLO: Estar abatido; corriendo sin ganas. Si una boda es un ritual de renovación, entonces urgentemente necesito uno. El estatus matrimonial se siente pálido y gris, aburrido e insatisfactorio. No puedo encontrar mis propias ideas. Me siento impotente y sin creatividad mientras los demás permanecen profusamente productivos. Hay dificultades en el matrimonio. Se ha secado. Al mismo tiempo, tienen lugar nuevas bodas. ¿Es un tiempo de muerte y renacimiento para el matrimonio o sólo de muerte? ¿Será solamente impotencia o una inconsciente regresión a las raíces del ser para encontrar un nuevo potencial? Se habla de divorcio y gente vestida como en un romance del siglo XIX. Le pido que se case conmigo. ¿Qué va a pasar? Estoy preocupado.

Paso 5: Reminiscencia

Toma algunas de las imágenes que te impresionen y empieza a recordar el pasado. Elijo el sueño (35), que dice:

> Estamos en una misión espacial como en *2001: Una odisea del espacio*. Estamos siendo llevados a la estación intermedia más cercana en la Luna. Una de las mujeres se me acerca y me enseña todo lo que hay por allí. Es un lugar oscuro. Probablemente es de noche. Ella dice: «¡Oh!, ven, te enseñaré el lugar donde todo empezó». Me toma de la mano y me lleva corriendo a una cueva. Entramos en la cueva… La transformación ocurre inmediatamente. Estamos bailando un vals. Y estamos claramente en el siglo XIX. Hemos viajado atrás en el tiempo. Ella va vestida con un traje de finales del XIX, yo llevo frac. La habitación es grande. Todo el mundo está bailando el vals. Yo digo en alemán: «Quiero casarme contigo» y ella me contesta en el mismo idioma, «Sí, yo también quiero casarme contigo…».

Mis padres se conocieron en unas lecciones de baile en Colonia, Alemania, cuando ella tenía quince años y él diecisiete. Él era holandés, ella alemana. Ella llevaba trenzas oscuras que le colgaban con mucho cuidado en el pecho mientras ganaba competiciones de vals vienés. Esto es lo que me han dicho sobre el origen de la relación de mis padres, que acabó con la muerte de mi padre sesenta y dos años más tarde. El sueño del vals me recuerda uno de esos sucesos que se quedan parados. La experiencia es extraña e incestuosa por asociación. Edipo, tu padre, ha muerto: tu madre es libre.

Paso 6: Escribir con el formato de la cronología de las agrupaciones

Usa un parágrafo descriptivo para cada uno de los elementos del grupo en orden cronológico.

EJEMPLO: Grupo B: Estudiantes. Un alumno mío está muy desconcertado con los cambios en mi manera de trabajar (16).

Estamos sentados en la veranda mientras hablamos. Todos somos estudiantes jóvenes (20). Rompemos el muro y todo se pone en movimiento otra vez, cf. Una de las teorías de los primeros gobernadores de Australia dice que la academia está en constante revolución, en constante movimiento (22). Algunos estudiantes vienen en mi ayuda cuando se me acusa de prácticas sexuales (25). Estoy en una habitación grande con muchas pinturas, es una habitación real de mis días de estudiante (26). Hablando sobre los pitjantjatjara en un congreso junguiano: los expertos están muy consternados de que hable sobre esto. Un hombre joven, estudiante serio de estas materias, dice: «Hemos hecho todos estos estudios y tú ahora los interrumpes al caminar detrás» (27). Los estudiantes irrumpen en la biblioteca para coger cerveza; sigue un terremoto (32). Estudiantes nuevos en el *practicum* discuten mi método y quieren ver qué es lo que provoca que las cosas cambien (34). El hombre joven por el cual me siento atraído se parece a un compañero muy elegante que tenía cuando estaba estudiando. Me pregunta cómo es de grande mi… (No puedo descifrar la palabra que escribí en el diario de sueños [sic]) (48).

La vista de los estudiantes me conjura los días en los que la mente permanecía libre para jugar; ¡días de biblioteca y de cerveza!, días que me sacudieron como un terremoto, por la vía de una enfermedad física, fuera de las constricciones familiares en el mar abierto. Rompiendo con todo aquello que me hacía parecer ridículo de mi pasado. De ser un estudiante de leyes pasé a ser un estudiante de psicoanálisis no por elección, sino por necesidad.

Nos sentamos en la veranda y hablamos sobre temas de interés como estudiantes de segundo año. Todo es urgente y nada importa. Algunas verdades sí importan. No van a cambiar. En el caso de que cambien hay un infierno que pagar. Cambian. Un mundo se colapsa. ¿Estoy en el programa de los cambios de mares que hubo en mis días de estudiante?

Mi estudiante protesta contra los cambios; se oye una voz conservadora. Un hombre joven que ha hecho estudios en áreas donde mis ideas son consideradas a medio hacer protesta porque puedo dañar el ámbito de la competencia. Me verán como el loco que verdaderamente soy. Tiemblo.

Todo lo que sé sobre el gobernador Macquarie Nuevo Gales del Sur es que hay una universidad que lleva su nombre, cerca de donde enseñé a mi grupo de prácticas en Sidney. No tengo ni idea de qué teorías defendió él. Únicamente marcó su posición con la idea de que el aprendizaje tiene que permanecer siempre flexible, en un constante estado de revolución. Mi gobernador del otro mundo, del mundo de lo antiguo, declara que el cambio nunca acaba y que el tormento es el estado natural del pensamiento. Y declara que en el interior de este constante tormento existe el aprendizaje más elevado.

Un gran clásico de Oriente es el *Libro de los cambios*. Mis estudiantes de sueños, recién llegados a esta clase de trabajo, se preocupan por si el cambio alterará su camino a través de los sueños. Existe un momento en toda verdad que se desvanece y es reemplazado por un mundo igual de real y completamente diferente. En el mundo de los sueños, el exceso de la existencia crea espacio para sí mismo. Hay demasiada vida que es arrojada desde las profundidades para ser satisfecha con una sola realidad. La mente del principiante en mi trabajo con sueños quiere observar cómo el *Libro de los cambios* se escribe en nuestros sueños. La enseñanza de un orden elevado valora la impermanencia. O la permanencia. El Genio del Cambio Perpetuo es aquél cuya canción –como Nganyinytja y sus vías Ngintaka– yo administro: los mantengo frescos al compartir mis sueños de canciones y danzas de cambio con los otros, con la cultura, al fin y al cabo, mediante lo cual, yo mismo soy también cambiado. En mi cultura, el Dios del cambio se llama Mercurio.

Cuando Robbie está en dificultades, cuando es falsamente acusado de conducta sexual abusiva, los estudiantes van en su ayuda. Me siento apoyado por el pasado en esos días de joven estudiante, inocente y con fe en los demás, mientras en las pesadillas de los días presentes los alegatos sexuales caen encima de todos los terapeutas como una espada de Damocles. Todo este ambiente estudiantil –mi habitación real de estudiantes de los días pasados– está lleno de imágenes que producen admiración cuando los pensamientos continúan frescos. Todavía el sexo está en mi mente cuando las autoridades me acusan. Estoy en contra de la voz de la moral sexual. ¿Está esto relacionado con mis sentimientos de impotencia?

Además de otras manifestaciones, el deseo de cambio aparece de una manera sexual. Me preocupa la manera en la que me siento atraído hacia los primeros veinte años de vida en la forma de este hombre joven y noble. El miedo de mis impulsos homosexuales coincide con la pregunta de mi amigo sobre la longitud de mi no-sé-qué. Los deseos homosexuales se mezclan con la competitividad: vamos a ver quién la tiene más grande. ¡Reconocer esto me hubiera preocupado muchísimo en mis días reales de estudiante!

Paso 7: Reescribe en géneros diferentes el material obtenido en el paso 6

Escríbete una carta a ti mismo con una historia que contenga los elementos de los grupos. Basándote en estos elementos hazte algunas preguntas. A algunos grupos les va mejor el diario de viajes, a otros un poema…, o escribe en algún género en el que quede expresado el estado de ánimo.

Ejemplo: Grupo B: Estudiantes. Género: Traducción de una conversación grabada secretamente sobre antiguos amigos holandeses en los días de estudiante después de algunas rondas de cerveza.

Amigo 1: Recuerdo cómo acostumbrábamos a sentarnos en la veranda respirando a pleno pulmón. Éramos libres entonces de pensar lo que quisiéramos. Todo resultaba urgente y no importaba nada. Cuando te hallabas en dificultades, falsamente acusado, otros estudiantes venían en tu ayuda. ¿Os apoyabais uno a otro? El sexo era libre entonces, ¿recuerdas?

Amigo 2: Me encantaba mi habitación. La tenía llena de cuadros, de imágenes que creaban frescura y encanto.

Amigo 1: Necesitas otra cerveza. Dadle otra cerveza a éste.

Amigo 3: Me enfadaba mucho cuando la gente cambiaba su manera de trabajar. Cuando, de pronto, no podías confiar en que cuanto habías escrito a principio de año aún valdría la pena al final del mismo año.

Amigo 4: ¡Eres muy conservador! Eso era lo divertido. Todo cambia siempre. Esto es lo que se aprende en la universidad, cómo ser flexible, porque todo está cambiando constantemente.

Amigo 5: Pareces el gobernador de allá abajo. Él fue quien dijo que la academia tiene que estar en constante revolución. ¡Si la mente no puede continuar cambiando, estás muerto! Al menos, esto es lo que piensan en el otro lado del mundo, allá abajo. ¿Recuerdas los días de rebelión, cuando ocupamos los edificios de la universidad y sabíamos que el mundo era nuestro por el hecho de tomarlos? Me encantan los sesenta. ¡Hoy solamente es trabajo, trabajo, trabajo!, o estar fuera del trabajo.

Amigo 3 [pregunta al amigo 5]: Te vi salir corriendo del lavabo. ¿Por qué corrías?

Amigo 2: ¡Ya lo sé! Oí cómo aquel niño, aquel estudiante, le preguntaba cómo era de grande su… Debe de estar asustado. Mira, está sonrojado. ¡No sabía esto de ti!

Amigo 6 [Reconstruido a partir de frases entrecortadas]: Terremoto. Todo está patas arriba. Ruptura con la familia. Todo descompuesto en piezas.

Amigo 1: Has tenido suficiente. No le dejes ninguna más. Aún tiene que conducir.

Cuando te encuentres con algún fragmento que te recuerde alguna historia ya oída anteriormente, intenta encajarla en tu texto. Esto es lo que he pretendido describir anteriormente como «amplificación». Dará significado a la superficie porque hará que las imágenes del sueño reboten hacia arriba a partir de la similitud. También puedes construir una historia que contraste. En el Grupo L, llamado el largo camino de vuelta a casa, construí una historia de contrastes sobre la cueva de Platón y la profecía de Proteo.

Cuando hayas acabado con algún paso, déjalo descansar. Date tiempo para reflexionar sobre tus respuestas emocionales respecto del trabajo.

Una vez que lo has puesto aparte durante un tiempo, vuelve otra vez a él. Ahora intenta condensar narrativas: recuerda tus meditaciones sobre los grupos e ilumina aquellos elementos más importantes para ti. Cambia los grupos, busca distintos órdenes o diferentes yuxtaposiciones de material para permitirte llegar a nuevas comprensiones.

Enseña tu trabajo a alguien más. Yo, por mi parte, se lo enseñé a mi mujer y provoca fuegos artificiales…

Continúa leyéndolo lentamente tan a menudo como quieras o puedas digerirlo. Éste es tu campo de sueños, ésos son tus caminos de los sueños; éste es tu paisaje.

Finalmente, déjalo descansar. Ya has hecho todo el trabajo necesario. Ahora date tiempo para trabajar en ti.

Las series de trabajos con sueños que presento a continuación fueron el fruto de más de dos meses de labor y digestión. Trabajaba media hora, luego una hora; de pronto, me daba algo y trabajaba varias horas seguidas. A veces, mi agenda de trabajo me enviaba de viaje. Al regresar, podía ver cantidad de cosas que no me habían llamado la atención anteriormente. Después de un período de digestión inconsciente –como cuando estaba de viaje–, vuelve otra vez a tu carpeta de acordeón y estudia las líneas de conexión que has dibujado. Reconocerás nuevas conexiones mientras que las viejas cobrarán un nuevo sentido.

A continuación, presento las otras agrupaciones y las piezas que he escrito basadas en los elementos de cada agrupación.

Ejemplo: Grupo C: Mujer dulce. Estoy en casa solo y aburrido y veo una película porno (1). Me siento estimulado por una mujer joven. Una generación más joven que la mía. Tenemos que parar (4). Una mujer joven en la Casa de la Primavera me vende golosinas después que he dejado a un hombre mayor y enfermo (15). Estoy sentado con una atractiva mujer joven. Le digo que estoy casado. Estamos decepcionados. Tenemos que parar (16). Mujeres jóvenes desnudas, pero acabamos antes de que yo alcance el orgasmo (29).

En la casa de mi infancia, mi amor de adolescencia me telefonea para que vaya a su habitación; es tan hermosa como cuando tenía veinte años (38).

Carta a mí mismo

Querido Robbie:

Tu matrimonio está pasado y tú quieres dar el paso. Cada vez que lo intentas, te paras. Añoras la frescura de la juventud y te sientes capturado en el matrimonio como el espíritu en la botella. Las salidas están bloqueadas. El matrimonio se transformará como el material herméticamente sellado en la botella de los alquimistas –donde la putrefacción es parte integral del proceso–, ¿o quizás esta vez se deteriorará sin redención? Tú tienes que estar metido en este montón de compuestos de tu matrimonio, aunque sientas la llamada fuerte y clara con la voz de la pasión que nunca palidece de los amores de juventud. ¿Qué vas a hacer con tu edad?

Ejemplo: Grupo D: Comunicación misteriosa. La televisión por cable va a estar en todo el mundo (5). Una especie de madrastra diabólica y su hija, las dos vestidas de un rojo muy fuerte, son fantasmas que dan miedo: un misterio de mujer que asusta (5). Un fantasma aparece en una puerta de color rojo brillante que da a otro mundo (6). Los pájaros prehistóricos que procedían del foso tenían las alas de un rojo brillante (11). Se ha desarrollado un sistema de comunicación que dará acceso universal (11). En el nuevo mundo, la comunicación está en todas partes mediante unidades de elegancia femenina (11). Tengo que dar una conferencia sobre los misterios de Eleusis, los misterios de la mujer (17).

Querido Robbie:

Desde más abajo de la tierra, un lugar que no conoces, los pájaros prehistóricos con alas de color rojo brillante vuelan hacia arriba mientras una fantasmagórica mujer vestida de rojo brillante te asusta. Quieres alejarte de ella porque te da miedo. Pero estás forzado a estar en contacto con los misterios de la mujer que tanto terror te dan. Tú pensabas que lo sabías todo sobre la sensibilidad femenina. Bueno, pues te equivocaste. Has estado días enteros con mujeres, oyendo sus secretos más profundos, pero ni aun así sabes nada. ¿Por qué te asustan las mujeres?, ¿es por este motivo por el que tu matrimonio está tan parado? El misterio de la mujer tiene que ser aprendido de nuevo. Todo lo que suponías saber de las mujeres se ha convertido ahora en un estorbo. Estaba pronosticada una nueva comunicación con ella. Con la muerte de tu padre no sólo ha cambiado tu masculinidad. Tu feminidad (con lo que esto quiera decir) también ha cambiado. ¿Cómo es esta nueva forma de comunicación femenina? ¿Tiene que ver con la comunicación simbiótica? ¿La nueva conexión quizás pueda remediar tus sentimientos de impotencia, la vacía sensación de estar solo, de permanecer fuera, de no tener más fuerzas?

EJEMPLO: Grupo E: Madre. La reina en una boda (2). Mi «madrastra» se convierte en un fantasma que me da miedo (5). La madre de abajo cría a sus hijos a golpes y con miedo; los niños vomitan; es demasiado dura (10). Mi madre riñe a mi tío, el más vivaz. Ella siente que ha de cargar con toda la responsabilidad (13). Choco con una mujer que se parece mucho y actúa como una paciente depresiva que yo había tenido en terapia y que me debilitaba como nadie; siempre estaba enamorada y enrabiada conmigo. Al final, se transforma en mi madre, se comporta como una bruja y me menosprecia, me acusa de vanidad, de querer un Premio Nobel, mientras, en realidad, era su vanidad (18). La madre de una mujer muere de un ataque al corazón (33). En la boda me siento turbado en frente de la madre del novio (39). Mamá, mi madre, encuentra totalmente correcto que la amiga de Annie esté tan enfadada conmigo; me lo merecía (47). Papá, mi padre, parece haberse curado de su enfermedad y mamá quiere empezar a viajar otra vez. Ella quiere ir a París (50).

Carta a mi primera analista

Querida Aniela Jaffé:

¿Recuerdas que cuando me cogiste yo te pagaba muy poco porque era un pobre estudiante o, al menos, eso era lo que parecía? Cuando nos dimos cuenta de que era menos pobre de lo que aparentaba, me aumentaste la exigua cantidad que pagaba, un poquito. ¿Recuerdas cómo, de pronto, te convertiste en mi mente, en la madre oscura que me rechazaba? Bien, pues estos sueños me han ocurrido y tienen que ver con ella.

En ellos, ella aparece sobrecargada, deprimida, desinflada, indignada y añorando unas vacaciones. Luego, una madre fantasmagórica me asusta; más tarde, un matrimonio con una madre me avergüenza y una madre se muere, como mi padre, de un ataque al corazón.

¿Es ésta mi Madre Depresiva, la que está a punto de morir, la de abajo, la que tortura a sus hijos hasta que enferman y vomitan? ¿La que fue rechazada y no fue invitada al bautizo de la Bella Durmiente; la que junto con sus hijas fastidiaba a Cenicienta? Tú sabías cómo esta madre oscura me asustaba y cómo deseaba que se fuera. Esta vez, ella ha enseñado su origen: choqué contra una paciente mía –hospitalizada en un centro mental desde hace años a causa de una depresión psicótica, que involucra a cualquiera y cuya irritación es como la de mi madre real. Como quiera que sea, la esencia de la persona con quien choqué me recuerda a mi paciente extremadamente depresiva. Mis hijos la llaman «la psicobruja del infierno» por sus constantes y desesperadas llamadas de ayuda desde el hospital y por sus mensajes suicidas. Su clamor por mi atención me seca hasta los huesos y ni aun así puedo deshacerme de ella. Siempre me desdeñaba, riñéndome por cualquier distracción hacia ella. Llevó los límites al máximo, por lo que yo constantemente la rechazaba, lo que la ponía aún más rabiosa. Ésta es la hembra de la que tengo miedo, la que devora, la de la depresión que consume. La que no tiene nada que dar y únicamente toma. La Bruja Mala de los cuentos de hadas. De todas formas, mi madre real ha sido cariñosa, me ha apoyado, una buena mujer a quien de verdad amo, de lo cual tú nunca dudaste. Mi análisis empezó realmente cuando tú te convertiste en la que me devoraba, en la que me rechazaba. Cuando incluso tu yo más gentil me trataba mal. Esto fue cuando encontramos que mi depresión vagaba en lo profundo, lo que había ocurrido a la familia de mi madre por generaciones, dispuesta siempre a chupar la más mínima gota de energía. Bien, otra vez me encuentro allí. Y ahora es mi mujer, Deanne, la que lo aguanta.

La mínima frase que mi madre dice censura mi deseo por un Premio Nobel. Hago que le quede claro que esto ha sido su deseo, lo que hace que se calle, porque es la verdad. Ella me necesita para su reconocimiento, ella es mi vanidad. Este deseo de reconocimiento, del que me quejaba en mis notas cuando fui a Australia, está lleno de esta aterrorizante vanidad de la madre fantasma, tanto como la de mi padre, que necesita amor y atención. Él es como yo, el hermano pequeño de un hermano mayor.

Sólo quería que lo supieras.

Ejemplo: Grupo F: Enfermedad, miedo y muerte. Papá ha estado muy enfermo, a punto de morirse. Pero no se ha muerto (13). No intereso en absoluto a una amiga de Annie (9). La amiga de Annie aún está enfadada conmigo porque he dejado a Annie cuando ella se estaba muriendo (47). Después del nacimiento de los insectos con mucosidades, tengo que ir al hospital y compartir habitación con un tío mío que ha muerto (9). Una madre que vive debajo cría a sus hijos a golpes y con miedo; ellos vomitan (10), confrontado a elegir entre lo viejo y lo nuevo, cojo lo viejo y me entran unas náuseas terribles (14). El viejo Ethan está muy enfermo; lo abandono (15). Veo un hombre en una silla de ruedas; una mujer romántica baila para mí delante de la puerta. Nunca voy a conocerlo (15). Me da miedo la habitación que está detrás de esta habitación. La aleta dorsal negra de un tiburón de tierra sigue a mi mujer a través del desierto, a un nivel más bajo del camino de los sueños, cortando justo por encima de la superficie de la tierra roja, como si fuera un océano. Atemorizante (16). Recuerdo estar en el funeral de un colega llamado John, como mi hermano. Había muerto de sida (en realidad, un hermano de este John había muerto de sida). Tomo la mitad de sus cenizas para llevarla a las afueras (19). Hay tierra negra, arena negra, y yo tengo dolor en el pecho (20). Hay un terremoto y todo se hunde (32). Una mujer muere de un ataque al corazón (33). La escalera se cae (36). Todo lo que hay en el granero sucio durará muy poco (37). Los edificios fantásticos desaparecen, enteramente desmoronados, fuera de este mundo (39). Papá ha estado muy enfermo, pero se va encontrando mejor otra vez. Recuerdo haber estado en su funeral y el padre que tengo en mis brazos está vivo y muerto al mismo tiempo (50).

Confesión

Cuando papá, mi padre, sufrió su ataque al corazón, yo me encontraba en Moscú en el estudio de un amigo pintor. Me dijeron que no era nada serio, aunque estaba en cuidados intensivos, y que él había insistido en que no interrumpiera mi viaje a Berlín, donde debía enseñar más tarde. El trabajo con él fue algo casi sagrado. No llegué a poder hablar con él personalmente. Las comunicaciones telefónicas entre Moscú y Rotterdam eran muy incómodas en aquel momento. Me senté en la cama desde donde había recibido la noticia y traté de convencerme a mí mismo de que él no iba a morir, extendiendo la calma de las palabras de mi familia hasta que no pude más. Al día siguiente, vi claro que tenía que volver a casa. Anulé todas las citas y pensé que podría estar a los pies de la cama de mi padre al cabo de dos días. Arreglarlo todo hizo que perdiera unas ocho horas más. Como con el viejo Ethan que está enfermo, yo quería echar fuera la vejez, la enfermedad y la muerte de mi joven y limitada vida.

Cuando estaba creciendo, Annie era mi mejor amiga. Ella me entendía y fue la única que me habló sobre Auschwitz. Ella rompió el silencio y la pesadilla sin imágenes de los que mis familiares, creyendo que así me protegían, evitaban hablar. Ésta fue la primera vez, probablemente, que me di cuenta de que los estados de ánimo existen como ambiente, sin tener que ser expresados. Yo estaba enamorado de su cultura y del melodioso timbre de su voz. Ella era diez años mayor que mis padres. Cuando tenía ochenta se cayó y tuvo que trasladarse. Yo sabía que este cambio era el principio del final. Por primera vez, ella me enseñó su nuevo apartamento. Habíamos quedado para un segundo encuentro aquella noche y la vi por apenas una hora. La muerte no va a ocurrir. «La veré otra vez», me dije a mí mismo. Me sentía avergonzado. ¡La Muerte da mucho miedo! La negación es inmediata. En un sueño, papá estuvo a punto de morir, pero no..., papá aún no ha muerto. La muerte es para siempre; han pasado ya tres años de su muerte física y él aún tiene que morir en mi alma, lo que me engancha a un «casi, pero no realmente». Me doy cuenta de que con su muerte mi amor por él no ha muerto. Éste es el primer paso para decirme a mí mismo que sí, que realmente está muerto. Al final de las series de sueños sé que él ha muerto. Al principio, abrazo a un padre que está vivo; al final, abrazo a un padre que está vibrante, todavía no está muerto. ¿Por qué el morir es tan largo y la vida tan corta? Hay un granero lleno de polvo. Cenizas en cenizas, polvo en polvo, la vida es un momento. Recuerdo la última conversación que tuve con mi padre. «Todo se ha ido tan rápido», repetía. Vi en su viejo cuerpo cansado cómo el espíritu de la juventud aún se preguntaba qué había ocurrido.

La muerte se esconde bajo la superficie, donde el tiburón hace su camino subterráneamente y la aleta dorsal corta la tierra. Va detrás de mi mujer. Quiere su muerte. No hay duda de que tengo un deseo de muerte hacia aquella que parece querer consumir mi vida. Esta vez es Deanne. También la cortante amenaza de muerte nos sigue en nuestros caminos sin escape, allá donde vayamos.

No puedo volver al viejo mundo. El mundo que tenía un sentido cuando mi padre estaba vivo murió con él. Enfermo al intentar contener lo viejo. Necesito ganar flexibilidad para permitir el cambio. Estoy petrificado.

La tierra es negra y siento un dolor en el pecho. ¿Moriré del mismo modo que mi padre? Yo soy el siguiente.

EJEMPLO: Grupo G: Hermano amor. Mi hermano, John, me precede en la boda en la Corte Interior con la reina. El hermano menor de la otra novia viene a decir una palabra: una lucha entre él y la novia (2). El mayor y único hermano de mi padre, el vividor, se está peleando con mi madre (13). Ethan, el hombre viejo que se parece al hermano de mi padre, está muy enfermo cuando lo abandono por la chica que me vende dulces (15). La mujer, cuyo enfado suena igual al de mi madre celebra el ritual de paso de la infancia a la adolescencia de su nobel (18). Me dicen que yo tengo la otra parte de las cenizas de mi colega John, cuyo hermano murió de sida. Sus cenizas fueron esparcidas en el funeral. Me dicen que cuando fui con los aborígenes al centro, tomé estas cenizas conmigo (19). En la habitación de mi hermano John aparece una deliciosa mujer sin vestir. La pregunta es: «¿En qué te convertirás?» (29). Uno de los hermanos ha cometido un asesinato. El otro hermano, el joven Ethan, matará al primer ministro (30). Visito al hermano de la mujer vieja (31), Jerry, sabiendo que estoy en un doble mundo. Es mi guía en la joven noche australiana (41). Le pido a un hombre que mantenga el contacto con Jerry por mí. Dice que no conoce a Jerry (42). En el lavabo me siento muy atraído sexualmente por el amante del hermano de Jerry; él pregunta cómo es de grande mi… (48). El otro Robbie me lleva a su casa del parque después que han acabado las bodas en la Corte Interior que ha presidido la reina (49). Mi hermano conduce el coche. Yo estoy en la parte de atrás con mi padre en los brazos. Sé que John, al mismo tiempo, no es John (50).

Decir sencillamente las cosas como son

Primero llegó mi hermano a la Corte Interior de la reina. Estuvo en su vientre antes que yo. Él fue el joven detrás del cual yo crecí, siempre unos cuantos centímetros más bajo. Él fue el Gran Bosnak para mi Pequeño Bosnak. ¿Cómo es de grande tu…? ¡Competición!

Mi padre también fue el hermano más pequeño y compartió conmigo el ansia de ser visto, desarrollando una pasión por el reconocimiento (¡Pensar que tú creías que yo tendría el Premio Nobel!).

Cuando vine al centro, lo primero que escribí en mi diario fue: «Esta insaciable sed de reconocimiento entumece mi creatividad. Me hace preocuparme sobre cómo seré recibido, si gustaré a la gente. Me hace buscar el honor y no la sustancia. Comparto esto con papá, otro buscador de honores también. El reconocimiento me envanece, pero no me da satisfacción».

El hermano menor de la novia desconocida –yo he ido a la boda de una novia que conocía– se pelea con su hermana. El desconocido hermano menor quiere atención. Quiere ser escuchado. No quiere ser más un desconocido. Se pelea por conquistar la atención a los ojos de la reina. ¡Qué diferente de mi percepción consciente respecto de que yo era el favorito de mi madre!

Un hermano vagabundo merodea por las calles con el deseo en su mente de matar, de asesinar a aquella que constantemente lo constri-

ñe. ¿Es su mujer? ¡Mátala! Es la autoridad, el líder del país. Muerte a
por él. Quiere ser libre de tanto tener que cuidar. Ser un *bon vivant*,
vivir, como hizo mi tío en su juventud, un carnaval con una mujer en
cada rodilla. El joven quiere abandonar toda responsabilidad y todo
aquello que ya es viejo y decrépito. Pero, al mismo tiempo, he ido al
centro de las cosas –donde me encuentro con hermanos que mueren
de sida por todas partes–. Me siento responsable. Le doy a Ilyatjari, el
padre águila, mi sueño del sida. Siento que tengo que confrontar toda
la muerte que hay alrededor de mi mundo hermano. Hay una batalla
entre el anhelo por la libertad de la juventud y la necesidad de hacer
de padre, de ser responsable. ¿En qué me convertiré en un mundo en
el que yo soy el padre? Me voy trasladando a la secuencia de la muerte
de mi padre, la nueva autoridad, el siguiente en morir.

El amor de hermano se vuelve sexual. Me siento atraído por el joven amante del amigo de mi hermano. ¿Qué hará mi deseo de cambio
con mi imaginación sexual? ¿me atemoriza toda esta lascivia? ¡Me voy
corriendo del lavabo donde he conocido esta atracción homosexual!

Pero éste no es el único lugar de donde emerge mi amor por los
hombres. En la parte trasera del coche sostengo a mi padre entre mis
brazos sabiendo que él está muerto; sin embargo, el amor entre nosotros es más fuerte de lo que nunca había sido. Experimento un
momento en el que no importa si está muerto o no, ya que el otro
mundo también es real. El velo entre la vida y la muerte desaparece
momentáneamente. Su muerte me ha entrado. El conductor del coche
que dirige el amor entre mi padre y yo es mi hermano John, y no es mi
hermano John. ¡Simultáneamente! La imagen biográfica que tengo de
mi hermano John es, al mismo tiempo, una entidad completamente
diferente y autónoma que me conduce al mundo del amor a mi padre,
al amor hacia otros hombres. Dos mundos tan radicalmente diferentes
como la vida y la muerte existen al mismo tiempo.

EJEMPLO: Grupo H: Dos mundos. Una boda doble tiene lugar en un sitio llamado Corte Interior (2). Hay dos mundos (6) (7), en una dimensión desconocida (7). Dos espíritus enamorados quieren pasar desde

otro mundo a éste. Nos hallamos en un lugar que no existe, los alie-nígenas responden después de haber entrado en este mundo (7). Hay una habitación normal y una que da miedo detrás (16). Los amantes dan vueltas de una habitación a otra, donde él encuentra su voz (17). La muerte es como ir a otra habitación (33). Vamos corriendo hacia un muro y, al cruzarlo, lo rompemos (22). Un hombre penetra en lo desconocido, en un «Partimos del supuesto de que es posible sentir lo que otro personaje está sintiendo». Pero esto es sólo un supuesto porque quizás no podamos (34). Estamos explorando un planeta des-conocido (24). Hay otro mundo en un mundo en el interior de una lata (40). Sé que me encuentro en dos mundos al mismo tiempo (41). Cuando dos espíritus habitan en un mismo mundo se convierten en menos reales (43). El detective de Roger Rabbit, que tiene experiencia doble en el mundo de los humanos y en el de los cómics, ayuda al ingenuo Robbie (45). Le pregunto a una mujer que es actriz y que no lo es si se quiere casar conmigo (35). El conductor del coche es mi hermano al mismo tiempo que no lo es.

¡Tierra para Robbie!

Tu vida ha llegado a un muro. Para no quedarte parado hay una nece-sidad urgente de penetrar en otra realidad, para establecer una comu-nicación entre este mundo y el otro. Parece que tu mundo ha sido sólo de un lado, lo que explica tu vacío de ideas. No has estado abierto a las voces del otro lado. Los impulsos creativos te han paralizado porque tu visión de la vida te ha separado de la realidad de la muerte. Tu miedo a la muerte atascó tus canales. Ves una habitación detrás de ésta; te asusta. Se dice que morir es como entrar en otra habitación.

Rompes el muro y te encuentras en otro mundo, un mundo de cambio constante. Tu experiencia de la muerte tiene que cambiar para permitir esta ruptura. La vida conoce la muerte; este mundo se encuen-tra con el otro; Europa conoce el centro rojo; la conciencia occidental se encuentra con lo salvaje; el hombre conoce a la mujer. Dos mundos existen al mismo tiempo —la vida se convierte en relativa—. Ahora que dos mundos de una diferencia tal se han conectado, la mujer, a quien le es restaurado su misterio, se convierte, una vez más, en el verdadero mundo desconocido que tiene que ser explorado. ¿Cómo afectará esto a tu pensamiento y, aún más importante, a tu matrimonio? ¿Y, quiénes son esos seres del mundo de los sueños ahora que el mundo se ha convertido en doble? Cuando ves a tu hermano en un sueño, sabes que consiste tanto en la experiencia que tú tienes de él como en el ser del sueño que se presenta a sí mismo como tu hermano. Le propones matrimonio a «esto» que tiene la característica de ser doble, al preguntar a una mujer que tú sabes que es real y actriz –mera apariencia– al mismo tiempo. Esta capacidad de ser doble estará contigo para siempre.

P. S.: Informe de una transmisión recientemente recibida sobre una investigación hecha en otro mundo (41). Mientras me hallaba en la realidad de otro mundo, en una oficina de correos para comunicarme con este mundo, hice un experimento para investigar la diferencia entre este otro mundo y el de vuelta, el de casa. Cerré los ojos y recordé el momento antes de cerrarlos. Luego lo imaginé. Imaginarlo fue muy diferente de estar allí realmente, porque cuando los abrí todo lo que estaba allí alrededor, en la oficina de correos, era real. Lo sentía, lo sabía y podía tocarlo. Era totalmente real, mientras que, cuando lo imaginaba con los ojos cerrados, era muy tenue y no del todo concreto. Conclusión: la diferencia entre recuerdo y realidad es la misma en el mundo del sueño que en el mundo físico.

EJEMPLO: Grupo I: Sombreros. Tengo dos buenos sombreros; para mi horror, un niño-pintor derrama pintura en ellos; los arruina (31). Papá lleva puesta su gorra blanca (50). Algo sobre diferentes sombreros (51).

Redacción para la escuela elemental titulada «Sombreros» para ser leída en voz alta en la clase

Los sombreros son importantes para mí. Mi abuelo nació en 1860. Era fabricante de sombreros.

Tengo dos sombreros. Uno es un Stetson, como el que usan los cowboys. El otro es un Akubra. Un Akubra es un sombrero australiano.

Fuimos a visitar a este niño de tres años que derramó pintura en ellos. Ahora mis sombreros están completamente arruinados. En mi sombrero está mi cabeza. Todos mis pensamientos vuelan sin sombrero. Ahora mi cabeza americana y mi cabeza australiana están volando.

A mi padre le encanta su gorra blanca. Le hace sentir deportista. Le encanta su gorra limpia. Mi padre tiene el pelo blanco. Mi padre es viejo. Mi padre está muerto. ¿Son blancos los fantasmas?

Ésta era una historia sobre sombreros. Hay muchos sombreros. Uno para cada estado de ánimo, uno para cada cabeza en la que estoy.

EJEMPLO: Grupo J: Transformaciones. Un misterio que asusta. De repente, la «madrastra» se ha ido. Hay un mensaje en el contestador automático. Ella vuelve con su hija de mi edad, las dos con veinte años de menos, muy pasadas, dan miedo; son fantasmas (5). Primero, parecen mocos que salen de mi pene, luego parecen gusanos, más tarde gambas frescas (como las *amaebi sashimi*); luego, un insecto con alas, patas largas y antenas de una consistencia babosa como de un caracol cubierto de gelatina (9). Tenemos que estudiar cómo cambian las cosas (34). De repente, todo cambia. Es un choque tremendo, aunque sepa lo que está pasando (35). Al principio, el edificio es nuevo y bonito; rápidamente se convierte en viejo y desaparece (30). Un juego en la boda hace que una persona vaya transformándose todo el tiempo. Se relaciona con la noción de que todo tiene significado hasta un grado ridículo (39). Al principio, llegamos a una habitación donde todas las mujeres están cocinando; su piel es como un suflé de huevos blancos; una de las mujeres, de repente, aparece debajo del agua y su cabeza se encoge (41). En el otro mundo veo una imagen de mi carnet de conducir que, en realidad, perdí cuando se lo enseñé al hombre que estaba en la ventanilla (41).

A un extraño en el tren

«Había una vez una mujer vieja en mi vida que parecía una madrastra, una especie de madrastra de Cenicienta. Me es imposible decir más. Por cierto, tenía una hija de mi edad. Ésta fue la primera vez que la realidad cambió de pronto para mí. Me asusté mucho cuando, de repente, se convirtió en un fantasma. Parecía la Gran Madre Aniquiladora, comiéndome crudo. Ya te dije que esta madre devoradora había sido el tema principal de mi primer análisis. Algo muy deprimente. La vida era como un tararaeo y, de repente, todo cambiaba. El mundo se vuelve oscuro y atemorizante de un momento a otro. Esto ocurría justo antes de un esfuerzo creativo. Por lo tanto, no es sorprendente que desarrolle una nueva vida después de haberla conocido: gusanos babosos de una nueva mutación.

»Aquí está la materia de mi nueva identidad. Pasaron cosas raras: mientras tenía mi carnet de identidad en la mano, la fotografía desapareció. En realidad, observé cómo desaparecía mi identidad antes de que lo hicieran mis ojos. Pero fue en otro mundo. ¿Qué piensas que quiere decir que mi identidad sea borrada? Me confronto con la disolución de la identidad en este tiempo de transición. Tiene que estar relacionado con ese sueño que te expliqué en el cual mis órganos sexuales rotos dan vida a un repugnante globo primordial sin forma. Soy un macho naciente. ¿Qué le está pasando a mi identidad masculina? Finalmente, esta forma de vida transmutada aparece con las antenas sensibles de la babosa, sintiendo el mínimo cambio en el medio ambiente, encerrándose cuando se siente amenazada y expandiéndose cuando siente curiosidad. Un sentido alado, suave como la vida dentro de la concha, es expuesto al mundo en masa. Quizás ahora que mi imagen se ha disuelto, pruebo a ser una concha, y detrás de la concha nace una nueva sensibilidad. ¿Es parte de mi comunicación femenina o es la suave sensibilidad de una nueva masculinidad? ¿Tú qué piensas? ¡No me respondas! A veces, me preocupa si con toda esta nueva suavidad podré levantarme, estar de pie y entregarme como un hombre…

»Es el cambio en sí mismo lo que importa, los nuevos estudiantes de mi nueva manera de trabajar con los sueños me lo dicen. Verdaderamente, lo que el trabajo con sueños ha hecho por mí es que me ayuda a ajustarme a los cambios más rápido que antes –importante si vives y trabajas en diversos mundos radicalmente diferentes a aquéllos en los que hay que pagar un tributo–. Te mantiene flexible. Incluso te ayuda en el desfase horario debido a los largos viajes en avión. Cuando el cambio es lo que importa –y así es desde una perspectiva mercuriana– hay una gran necesidad de antenas sensibles para tener una rápida sensación de la realidad siguiente.

»En este tiempo crítico de cambios, observo los más importantes que he hecho en mi vida: estoy en la cueva lunar donde se hacen los cambios. El mundo evoluciona de repente desde la Europa del siglo xix a la América del medio Oeste o Tejas del siglo xx.

»Cada inmigrante puede apreciar el choque contra el sistema. Me trasladé de Europa a Estados Unidos a finales del 1977. El cambio del frac a las camisetas sucias con tirantes tiene un impacto tremendo, aún me siento con valor para observar la coexistencia de mi vida americana y de mi vida europea. Estoy recibiendo lecciones en versatilidad.

»La cabeza de alguien está hecha de suflé. Está cogido bajo el agua y se encoge. Cabeza menguante… ¿Te estoy aburriendo? ¡Ea! ¿duermes? ¿Oíste todo lo que dije?».

EJEMPLO: Grupo K: Alas. Los repulsivos, gelatinosos y alados insectos salen de mis genitales rotos (9). Arcaicos pájaros reptiles extienden sus fantasmagóricas alas rojas desde el foso oscuro cercano a la Casa Blanca (11). Con náuseas después de mi decisión de quedarme enganchado a lo viejo, me despierto para ver un águila gigante, con sus alas extendidas cruzando el cielo, volando encima de mi cabeza (14).

Poema

Lo que primero parecían mocos
a través de una terrible partenogénesis
se convierte en un espíritu vivo
preparado para volar.
¿Podría ser que el buscar la dulce seducción
en la juventud
fuera un deseo de anestesia

para no sentir el dolor
de parir?
Los pájaros reptiles, que se fueron de la Naturaleza,
emergen del lugar
donde el centro del mundo blanco se levanta.
El cielo está lleno de viejos sonidos
de alas en su interior,
olvidado por la superficie de la tierra.
Su apariencia siempre fue así.
Pero las alas de gran envergadura han vuelto
impulsadas por un brillo rojo de espectros.
Las alas crecen muy rápido,
al abrazo del cielo.
El águila busca la galaxia
donde moran los ancestros.
Luego, la luz de un rayo.
Empieza a lloviznar.
Me levanto a proteger
nuestras pertenencias.
El espíritu del Cielo y
la luminosidad de la Naturaleza
se juntan
en matrimonio.
El encuentro entre lo natural y la imagen
deslumbrado por los disparos del relámpago,
deja de ser obvio
lo que ocurre afuera
y lo que ocurre dentro.
Los mundos forman un continuum.

EJEMPLO: Grupo L: El largo viaje de vuelta a casa (*American Heritage Dictionary*. «Trek… un lento y arduo viaje… Del holandés; "trekken": para viajar»). La barca quiere partir (11). Veo un libro en la tienda sobre mi vida externa. El color de un retrato mío parece escabroso. Estoy muy elegante (17). El retorno: volviendo desde una enorme distancia (19). Voy al desierto y se sabe que las experiencias más importantes ocurren en lo oscuro y desconocido (23). En las montañas: el programa de la mañana ha finalizado y una mujer trata de convencerme de que haga una excursión. Estoy en el sendero, un sendero lento es más introspectivo; el joven Ethan, el asesino, baja la montaña rápidamente (30). Vamos a un pueblo cercano a ver al hermano mayor de una mujer; me dicen que evite la curiosidad (31). Terremoto; tengo que volver a casa; el pueblo entero está detrás de mí; mi moto no quiere arrancar (S2). El pueblo australiano entero viene detrás de nosotros para atrapar a la mujer que ha regresado para visitar la casa de su infancia (33). Una mujer se está muriendo; le deseamos un buen viaje (33). Nos encontramos en una misión espacial en una estación intermedia en la luna, antes de introducirnos en el profundo espacio (35). Alguien nos lleva a una montaña. Hay una carrera de esquí muy fuerte; dos personas se tiran en caída libre. Están muy abajo; las escaleras los colapsan (36). Mi *alter ego* encuentra un mapa antiguo. Viaja en diferentes períodos y tiene aventuras y tiene la habilidad de meterse en el mapa. Finalmente, ve en el origen del río un edificio llamado «huellas del mundo». Se juega un juego de transformación que tiene que ver con la noción de que todo tiene significado en tal grado que hasta es ridículo (30).

Un diario de viajes

Puedo oír la sirena del bote. El viaje está a punto de empezar.

No he producido demasiado.

En este estado de ánimo tan poco creativo he encontrado el catálogo de mi editor. Es un folleto bastante grueso y tiene muchas fotografías mías donde estoy en el exterior. Al principio parece como si ellos hubieran publicado muchas de mis conferencias. Me siento feliz de que se hayan impreso tantas cosas mías. Quizás soy más productivo de lo que pienso. Más tarde, veo que el libro se llama *La vida en el exterior*. Las fotografías son muy fuertes, duras… Se me ve muy elegante y próspero. No tengo doble papada. Las fotografías son en color. No había oído hablar de esta producción de Robert Bosnak, el autor.

Tiene lugar en las afueras. Lo salvaje estimula mi salud y mi fuerza. Me da color.

He viajado a un mundo muy lejano donde las máquinas tienen conciencia. Cualquier entusiasta de la ciencia ficción, como yo lo soy, entenderá que he viajado a un futuro donde la conciencia humana da a luz mediante la silicona. En este mundo distante y mental, las ideas existen independientemente de nosotros. La mente continúa creando por sí misma. ¡Qué diferente de ese lugar donde me encuentro tan poco creativo! Es obvio que se trata de un largo viaje de vuelta al presente. Tengo que hacer el viaje de vuelta a casa después de tanta distancia. La mente vuelve atrás en busca del cuerpo. El pensamiento sin cuerpo viaja a través del espacio profundo, vuelve de nuevo a la Tierra.

La vuelta a casa, al tiempo del origen, se hace por el camino de los despoblados, donde lo único que se sabe es que las experiencias más importantes tienen lugar en la oscuridad y en lo desconocido. Estos viajes tienen lugar en un desconocimiento profundo.

El programa de la mañana ha finalizado. El sol de la vida ha pasado el zénit y está volviendo a la noche. Estoy en la cima de la montaña, como ellos dicen. Es tiempo de prepararse para aquello que hay en el otro lado de la mañana. Aún quiero continuar esquiando rápido, para conservar la velocidad de la juventud. Pero las señales son viejas y ya no son seguras. Un sendero lento para pasear durante la tarde. Los esquiadores jóvenes pueden dominar el hielo. Otros hacen caída libre. La caída del no retorno, ya que las escaleras están podridas. «Bajo tu propio riesgo», me dicen. «Bueno, le echaremos una ojeada». Estamos en el fondo del paso de la vida, bajando de los picos de la juventud. Tengo cuarenta y cinco años cuando sueño esto.

Me pongo en camino a través de este sendero de la tarde. Visito, primero, al hermano de la mujer vieja. Entro en la casa de la pareja. (Recuerdo una frase en un cartel de un restaurante que dice: «A los cuarenta eres un joven viejo; a los cincuenta eres un viejo joven».). Tengo que entrar en la casa de la edad. Pero debo dejar la curiosidad atrás. No está invitada. Siempre pensé que la curiosidad nos lleva al conocimiento. Pero ahora, quizás, la curiosidad nos impide el encuentro. Recuerdo estar sentado con mi tío, ya viejo, incapacitado por las embolias que lo paralizaban y que, finalmente, lo mataron. Lo miro curioso por saber qué está pasando por su mente. Está muy enojado y dice de una manera acusatoria: «¡Mirando, mirando!». Me siento avergonzado. Lo que siempre había sido curioso para mí fue su vida. (Era el tío en cuya habitación de hospital acabé después de haber parido los caracoles babosos. No es la curiosidad, sino el compartir sufrimientos). La curiosidad no sólo mata los gatos, sino que puede evitar el encuentro. Mi estudiante de otras culturas tiene que conservar esto en mente, así como también lo tiene que hacer el explorador del mundo de los sueños.

Llego a un edificio geométrico, posiblemente octogonal. Una especie de librería. Yo estoy afuera. De pronto, hay un terremoto. El edificio entero se derrumba. La biblioteca, el mundo de la mente, está torcida en un grado insoportable. La construcción mental colapsa. La torre de marfil del aprendizaje está construida con escombros. Todo lo que queda es ignorancia y el deseo de volver a casa. Intento volver en moto. No quiere ponerse en marcha y yo no sé cómo funciona. Un amigo de mi hijo quizá pueda arreglarla, pero no lo sé. La moto de la juventud no tiene gasolina. ¡Quiero volver a casa! Me estoy sintiendo responsable por el terremoto que ha destrozado todo lo que está a la vista. Los habitantes vienen detrás de mí. Los extraños me persiguen. Quiero irme.

Después de una larga cacería donde soy perseguido por los extraños, que se parecen a los de antes, llegamos al lecho de muerte de una mujer vieja. Ella está segura de que morir es como ir a otra habitación. Su convicción y su fe la hacen parecer joven y en paz. Cantamos «Gracia divina». El sendero en el que me encuentro esta tarde es el viaje de la muerte, el camino a la otra habitación.

Tengo grabada en mi alma, desde que viví la muerte que más me ha impresionado hasta ahora —la de mi abuela, un mes después de su centésimo aniversario—, el último momento en que estuvimos juntos unas horas antes de que ella muriera. De repente, brillando desde el interior de sus arrugas, descubrí el espíritu de su juventud. Su cara brillaba. En este momento, los dos éramos jóvenes, amándonos uno a otro en primavera. Los dos sentimos este momento en el centro de nuestro corazón. Luego, los dos partimos.

Llegamos a un lugar intermedio entre la tierra y el espacio profundo: la Luna. La Luna, con su belleza de seda, también brillante, con sus ciclos menstruales, con sus melancólicos y oscuros estados de ánimo, recuerdo de «nuestras antepasadas», aquellas que están acostumbradas a experimentar los cambios cíclicos. Su espejo nocturno de luz de marfil habita el mundo con imaginación. Una compañera de viaje, también astronauta, una mujer, me conduce a la cueva lunar donde todo empezó, la matriz de «todo esto». La cueva se convierte en una sala de baile en el siglo XIX donde bailo con mi amada y le pregunto si quiere casarse conmigo. De golpe, estamos en una gasolinera del Medio Oeste americano. Es completamente real, aunque estemos en el interior de la cueva lunar. En esta caverna, mundos enteros cambian de uno a otro en una continua discontinuidad. En la cueva lunar de la imaginación, los mundos se crean constantemente; todo el tiempo son vividas nuevas vidas.

En la página dos de la primera pieza que escribí sobre psicología volví a contar la parábola de la cueva de *La República* de Platón. La cueva es la imagen más famosa en la filosofía occidental. Vamos a dar paso a Sócrates, padre de nuestro pensamiento occidental:

Imagina, una especie de cavernosa vivienda subterránea provista de una larga entrada, abierta a la luz, que se extiende a lo ancho de toda la caverna y unos hombres que están en ella desde niños, atados por las piernas y el cuello, de modo que tengan que estarse quietos y mirar únicamente hacia adelante, pues las ligaduras les impiden volver la cabeza; detrás de ellos, la luz de un fuego que arde lejos y en plano superior, y entre el fuego y los encadenados, un camino situado en alto; y a lo largo del camino suponte que ha sido construido un pequeño tabique parecido a las mamparas que se alzan entre los titiriteros y el público, por encima de los cuales exhiben aquellos sus maravillas. [...] Contempla ahora a lo largo de esa pared unos hombres que transportan toda clase de objetos, estatuas de hombres y también de animales...

Lo que estas personas encadenadas verían –según Sócrates– serían las sombras reflejadas en el muro delante de ellos y el eco de las voces. Pero como no saben más, piensan que las apariencias son la realidad. Un hombre es liberado de sus cadenas y empieza a dar vueltas. Después de grandes dificultades, asciende hacia la luz, primero del fuego, y luego del sol. Está ciego y confundido. Recuerda a sus compañeros que viven en la cueva y siente compasión y vuelve a explicarles la experiencia.

¿No es cómico que aquel que ha regresado de su viaje al exterior con los ojos cegados diga que vale la pena intentar la ascensión? Y si fuera posible agarrar y matar al hombre que intentó liberarlos y llevarlos arriba, ¿cómo es que no lo matan?

Sócrates prevé su futuro, obligado a suicidarse por los habitantes de Atenas por su filosofía.

He mencionado la cueva como fuente del pensamiento occidental porque difiere fundamentalmente de la cueva lunar que visité en mi viaje (Y, posiblemente, porque con todas mis extrañas nociones sobre otros mundos, sobre comunicación simbiótica, espero una bienvenida similar a la del hombre que volvió a la cueva).

La cueva de Sócrates hoy nos es muy familiar. La llamamos cine. Platón, que escribió las palabras de Sócrates para nosotros, describe un público cautivo que nunca ha estado fuera del teatro, convencido de que las películas son la realidad absoluta. En la cueva de Sócrates, como en el cine, las imágenes en sí mismas son ilusión; en mi cueva lunar, son completamente reales. Para Sócrates, la única realidad es la que se ve fuera de la cueva, a la luz del sol. Mi cueva lunar intermedia honra las meditaciones internas de la Luna, que son tan reales como pueden ser. La idea de Sócrates rige el mundo solar y ha conformado desde entonces la conciencia occidental, teniendo que haber roto las apariencias para encontrar la realidad. Por otro lado está la Luna guardando las realidades que encontramos por la noche. La noche es tan real como el día. Por la noche todo es apariencia. En la cueva lunar lo que aparece es real. En esta cueva de la Luna le pido a una mujer que es simultáneamente actriz (apariencia) y real, que se case conmigo. Por la noche no hay jerarquía de realidades, unas más reales que las otras, sino que existen simultáneamente muchas y diferentes realidades. Para nuestra existencia onírica la apariencia es realidad.

He vuelto a casa, a Holanda, para estar en la boda de mis mejores amigos. Veo a la novia, la mejor amiga de mi esposa. Está arriba. Está muy hermosa. Lleva un vestido de seda antiguo. Brilla como la luna. Le hago una reverencia y se ríe. Está rodeada de todas sus doncellas. Más tarde, encuentro un mapa. Un mapa muy antiguo. Ahora soy otro: un joven estudiante rubio como la paja con un sobrenombre en latín clásico, cuyo padre había sido embajador y había tenido una casa en una isla griega. Un protagonista apto para una odisea. Me convierto en él y encuentro el mapa. Hay un dibujo. El dibujo tiene una X dentro de un cuadrado con una cúpula en forma de cebolla arriba del todo. El dibujo entero me recuerda un reloj de arena. Con este mapa enrollado, él puede viajar y tener muchas aventuras, viviendo a través de cada experiencia. Mi *alter ego* tiene que entrar en muchas vidas diferentes.

Al final, viene a la boda con el pergamino bajo el brazo; ha podido cargar con el pergamino a través de todas sus tribulaciones. Pero la boda ya ha acabado. Las mesas grandes están vacías y las sillas continúan apoyadas en ellas. La sensación es «después-de-la-gran-fiesta» que él ha perdido por completo. Va hacia el río y se sienta en la hierba, completamente abatido. De pronto, observa un edificio a su izquierda, en el origen del río. El edificio es exactamente como el dibujo que ha llevado consigo a través de tantas aventuras. Arriba, en la base cuadrada del edificio de dos niveles, justo a la derecha, en la cúpula de cebolla, se puede leer: «Ésta es la huella del mundo». Él lo mira y yo me encuentro de pie a su lado. Él lo contempla entusiasmado. De golpe, el edificio se vuelve muy, muy antiguo. Desaparece, completamente destruido, fuera de este mundo. Parece como si el edificio entero se marchara. El edificio había sido hecho de madera; de madera vieja. Tenía una forma geométrica: como una caja cuadrada (el cuadrado, me doy cuenta, es el símbolo medieval para la materia) que contiene la X de lo desconocido, limitado por la cúpula de cebolla del alma rusa. En Rusia encontré que el Oeste conoce al Este, que Oriente conoce a Occidente. El edificio entero parece un reloj de arena, el símbolo del tiempo. Esta huella en el inicio, este dibujo original, enseña el camino hacia lo desconocido eterno —en un encuentro de culturas— contenido en la materia, en el alma y en el tiempo. Al principio, había sido nuevo y muy hermoso. Luego, rápidamente se hizo viejo —por todo lo que ocurrió hace mucho mucho tiempo, en algún tiempo, en el tiempo del sueño—. Le digo: «Te tengo un enorme respeto, tú mantuviste la imagen. Porque lo hiciste, el edificio existió realmente. Por un breve momento, la originalidad existió con todo su esplendor».

La permanencia del cambio no inquieta a este joven rubio que viaja a las islas griegas. Cuando un juego de transformación (llamado «el juego del significado») se jugó en la boda, él realizó toda suerte de cambios. Alguna vez lo vi sentado en algún lugar disfrazado de animal, vestido de elefante, como el dios hindú Ganesh, el Superador de Obstáculos.

Me hubiera sentido perturbado con toda esta aventura, que parece tener un significado más allá de toda creencia, una especie de experiencia de conversión en la que el sentido de todo aparece de repente, como a san Pablo en su camino a Damasco, si no hubiera conocido un cuento de la antigüedad sobre otro rubio, Menelao, que buscaba el camino de vuelta a casa a través de las islas de Grecia. Como yo mismo. Yo también me encuentro en el largo y arduo viaje de vuelta a casa. Puedo mirar mi odisea en el espejo de la original. Un atormentado y agitado Menelao (que significa «el rubio») yendo hacia la isla de Pharos. Allí, la hija del Viejo del Mar le dice que pregunte por su padre, que tiene el don de la profecía, y sabe el camino de vuelta. Era mediodía y Proteo, el Viejo del Mar, dormía con su rebaño de focas. Menelao lo agarró. Proteo empezó a cambiar de forma, de león a serpiente, pantera, jabalí, agua que corre y árbol florido. Pero Menelao lo volvió a coger y, finalmente, Proteo lanzó la profecía: «Vuelve al río Egipto y ofrece a los dioses el sacrificio que les debes». Después de hacerlo, Menelao volvió a casa con Helena tras haber estado ocho años perdido en el mar. La profecía de Proteo me recuerda las palabras de Nganyinytja: «Quizás no hayas acabado de completar el ritual del entierro. Quizás aún exista algo que tengas que hacer por el muerto».

Menelao dejó su patria para reclamar a la bella Helena que había perdido. Dejó una patria vacía y yerma y volvió a una de gran belleza. Yo también tengo que reclamar mi Helena para mi casa o, de lo contrario, permanecerá insensible y aburrida.

Hay una forma esencial en el interior de todos estos cambios. Si puedes encontrar algo firme más allá de todas las apariencias y no dejar que se escape de tu alcance, encontrarás el camino de vuelta a casa, a la huella del origen del río. Los humanos también tenemos un dispositivo de vuelta a casa, como las palomas. El nuestro se ha ido difuminando tras muchas capas de aprendizaje racional. Para mi sorpresa, he encontrado que la muerte de mi padre ha agudizado este dispositivo y ahora tengo que seguir mi propio curso. El mundo había sido de los dominios de mi padre, e incluso viviendo en América, su estímulo era la voz que me ayudó a encontrar la dirección. Ahora, esa voz mundana se ha silenciado, ha de salir a la superficie mi propio dispositivo. Esto me da un sentido de lo esencial más allá de las apariencias, un sentido de dirección a través de lo salvaje de los sueños. Me mantiene conectado con la fuente de mi ser.

De acuerdo con el mito de Proteo, estas huellas hablan con la voz de la verdad, como aquel que escapó de la cueva conoce la verdad después de haber visto la luz del sol. Nos hablan del propio derecho a seguir el curso de la acción. Sólo existe una verdad. Esta verdad última es real, tanto como las muchas vidas intermedias en la quijotesca cueva lunar, que son tan reales como ellas se presentan a sí mismas. Un sueño es diferente de *muchos* sueños. El Dios Único y los dioses existen simultáneamente, cada cual en un cosmos total. Los dos sueños —el de la cueva lunar y el de la huella de la verdad última— se siguen uno al otro en una rápida sucesión, ambos reales como la doble realidad prefigurada en la doble boda, en el segundo sueño, en un lugar llamado «Corte Interior».

La revelación de la huella del «todo» rodeaba la boda de mis mejores amigos. Un nuevo punto de orientación se ha casado, una nueva manera de ampararlo. ¿Y qué es el matrimonio, si no el hogar?

Pero se ha de llegar a tiempo, ¿o será demasiado tarde, como cuando murió mi padre? La boda se ha acabado; las sillas están apoyadas en las mesas. El aventurero perdió la boda. ¿He perdido mi matrimonio? ¿Podrá este Menelao encontrar a su Helena y volver a casa?

Ejemplo: Grupo M: Haciéndome público. Mi amiga psiquiatra de Viena se ha dado cuenta de que el editor que andaba buscando está en el edificio de enfrente que parece un garaje (8). Hablando sobre los pitjantjatjara en un congreso junguiano; los expertos están enfadados de que hable sobre esto. Esto se ha de mantener en el área de los expertos. Un hombre joven dice: «Hemos hecho todos estos estudios y tú ahora los presentas al pasear por detrás». (Traducción literal del holandés que significa no estar a tiempo) (27). Estoy apenado porque he olvidado la cámara de vídeo en la Luna (35). Antes de que pueda explicar mis experiencias con los aborígenes, tengo que enseñar la lata (40). Estoy en una oficina temporal de correos en el otro mundo y tengo que enviar cajas con cosas a casa (41). Un maestro enseña cómo las cosas se han de hacer juntas con la mente occidental. Una vez está empezado, el occidental ha de irse. Esperamos el momento adecuado; el docto espíritu ya no tendrá más fuerza (44).

Ha pasado un año

Al principio, era el deseo de ir al público, pero sin saber cómo. Lo único que necesitaba hacer era mirar enfrente, al otro lado.

Los expertos, aquellos que saben, estaban enfadados porque yo hablaba sobre la gente del otro lado —tanto por su lengua pitjantjatjara como por su manifestación como pueblo del sueño—. Sólo aquellos que sí sabían, y no los diletantes como yo, cuidaban esta área para su propio territorio. Un principiante aún no tiene que hablar. (En este punto aún oigo mis críticos, pero sólo con mi oído del sueño —después de hacerlo público lo oirán todos mis oídos—).

En primer lugar, la experiencia –ahora (como en las películas) en la lata– debe mostrarse. Tengo que digerir todo el material, volverlo a visualizar, editarlo. Sólo entonces el material puede ser hecho público. Tengo que esperar.

La mente occidental –la mente de los expertos en el campo de la ciencia, de la estricta lógica occidental– necesitó ayudar al proceso de ganar el *momentum* y, al mismo tiempo, de contenerlo. Hemos tenido que permanecer en la lógica occidental hasta que esto se desenmarañó por sí solo en la cara del espíritu del médico del mundo. Este espíritu –que crece y mengua como la luna– aún continúa disminuyendo. Hubiera deseado que las cosas fueran diferentes, que este espíritu estuviera creciendo. Sentí mi impaciencia en la mala transcripción de la experiencia onírica. Debía de tener ligado un ciclo total de crecimiento y disminución, antes de que el espíritu estuviera otra vez completo. Hasta entonces, cooperaría con la sensibilidad occidental. Recuerdo la resistencia de Jung hacia su barbero Chattanooga. Quizás el tiempo aún no estaba maduro para estas frescuras en su mente occidental.

Ha pasado un año. Es agosto de 1994. He vuelto al corazón del centro rojo, a la gran roca Uluru (Aka Ayers Rock), para hacer una revisión de este libro. Ahora, al final, la experiencia está en la lata, dispuesta a ser proyectada al mundo.

9

MI HOMBRE VIEJO

Al final de mi ciclo de sueños australianos aparece un sueño que me convence de que ha llegado el tiempo de trabajar en todos los sueños anteriores. Este libro es el resultado de dicha convicción. La conferencia que estoy a punto de dar en el siguiente sueño (52) es esencialmente el contenido de este libro: Australia, comunicación simbiótica, trabajo con sueños, realidad del ensueño, matrimonio, muerte de mi hombre viejo.

Daré la conferencia el martes. El lunes voy a intentar llegar a la casa de un hombre viejo que sé que conoció a mucha gente, entre ellos a Freud. Después de algunos falsos inicios digo con firmeza convencido de que es verdad: «En todas partes donde la gente sueña, piensan que están completamente en un mundo real. Un hombre viejo a mi derecha mueve la cabeza con vehemencia. «Esto no es verdad» exclama. «Yo tampoco estoy de acuerdo», añade Freud. Me quedo sin habla, recordando cuán verdadera consideré esta realidad. Estoy confundido. La gente empieza a irse. Me siento otra vez en mi silla. La habitación está ahora casi vacía excepto por Freud y algunos rezagados.

—Bien, tengo que irme –dice Freud, aún quiero hablar con él.

—Entonces, doctor Freud, ¿usted no cree que el mundo del sueño sea real?

—No –replica–. Mientras duermes nunca encuentras al niño. Y siempre estás a cierta distancia de las cosas que te asustan.

—Esto es verdad –digo–, pero esto no lo hace menos real.

—Bien –responde Freud–, esto no viene al caso. Estás equivocado.

Este viejo Freud, que no se parece a Sigmund Freud –su cara es mucho más redonda– habla con seguridad. Destruye mi argumento con absoluta autoridad.

Digo, casi desesperado, que en todas las partes del mundo donde he discutido sobre sueños la gente siempre consideraba el medioambiente del sueño real mientras estaba soñando.

—Bien –concluye–, investiga en los informes de sueños de los ciento un soñantes y verás que no es verdad.

Luego se va. Me siento en la silla totalmente perplejo. Quiero escribirle una carta a Freud para volver a la discusión. Pero sé que murió hace tiempo. Que no puedo escribir una carta vieja. Sé que estoy en dos mundos. Luego me doy cuenta de que si la envío a la Bergasse de Viena, la dirección de Freud, no le llegará porque Freud vivió allí hace mucho tiempo. Estoy triste al pensar que no podré encontrar a Freud para continuar con la discusión.

La idea fundamental de este libro debe basarse en que el mundo del sueño es completamente real, ya que ésta es la verdad que atacaba el viejo Freud. La cara redonda del viejo Freud no se parece a Sigmund Freud. Mi cara es redonda.

El viejo Freud es mi padre, el padre de los padres; el fundador del psicoanálisis y del trabajo práctico con sueños que escribió *La interpretación de los sueños* cuando su propio padre murió. Este padre de los viejos días en la vieja casa protesta contra mis convicciones centrales, recordándome que el mía o es sólo una de los muchos y posibles puntos de vista. La certeza del viejo. Freud es mi contrapunto. Su convicción es tan fuerte como la mía. De acuerdo con su convicción, la materia real de la psicología está en los conflictos infantiles, y el sistema de resistencias está organizado para alejarnos del conocimiento fundamental concerniente a esta realidad de la infancia. Son tanto los traumas que experimentamos en la infancia como lo que imaginamos sobre nuestros padres lo que se convierte en la causa de lo que somos. Esto es psicología 101; Psicología del viejo Freud 101.

Aparentemente, estoy de acuerdo con el viejo Freud en que los sueños pueden alejarnos de lo material, haciéndonos escapar de nuestro interior, allí donde nos duele. Las resistencias pueden hacernos flotar en la superficie del sueño muy fácilmente. Mercurio, el dios del ensueño, es engañoso. Sin embargo, el trabajo con sueños nos demuestra que podemos llegar a la esencia de la realidad al considerar el mundo del sueño como real. El trabajo con sueños puede conducirnos a una confrontación con la realidad. Para mi raciocinio, orientado como el viejo Freud, la infancia es la verdadera fuente de la neurosis, que sólo podría ser descubierta profundamente en el jardín de infancia.

Mientras observo lo que ocurre entre el viejo Freud y Robbie, me doy cuenta de que es una discusión entre un joven y un viejo.

El joven está a la defensiva, tiene que cargar con su propia realidad, que es diferente de la del viejo.

Hay un último y breve sueño. El drama para su desarrollo. Este último sueño (53) es como un período al final de la historia, una conclusión para este cambio de estación desde una temprana edad hacia una madura adultez. Después de este sueño no recuerdo ninguno más en un largo período.

Estoy sentado con mi padre y Deanne, mi esposa, y digo que tengo un miedo terrible a morir. Estoy llorando. Papa viene hacia mí y está muy amable. Insiste en que es muy importante darme cuenta de mi miedo y llorar, en la ausencia de mi esposa –testigo de mi vida adulta por completo hasta que la muerte nos separe– me siento profundamente confortado a medida que soy consolado por mi padre muerto.

APÉNDICE

MATERIAL DE SUEÑOS PROCESADO EN EL CAPÍTULO 8

Sídney

1. En una fiesta. Una amiga se sienta en una mesa larga. La beso. Mi mujer Deanne está allí. Parece vieja y con el pelo gris. Mi amiga dice que no me ha explicado toda la historia. Aún está haciendo papeles para el divorcio. Se encuentra sentada en otra mesa. Yo me levanto, me voy a casa y veo una película erótica bastante tonta. Los chicos están en casa y ven una película en la sala de estar que otra chica ha traído. Me encuentro aburrido.

2. En la boda de la hija de una amiga mía en Holanda. Tiene lugar en la Corte Interior. La reina de Holanda está allí. Como la reina está aquí, me identifican en una mesa larga. Digo que mi nombre es Bosnak. John Bosnak, mi hermano mayor también se encuentra aquí. «Entra», dice sencillamente una mujer. Hay una doble boda. En el pódium hay dos novias. A la derecha está la reina en un banco, sola. Yo estoy en un banco de madera ocho filas detrás. La otra novia está hablando con el público. Su hermano menor llega entonces y quiere decir algo. A continuación, hay una pelea. Estamos en el patio de atrás. La reina está allí y viene hacia mí. Le digo que soy uno de sus súbditos en el extranjero. Ella dice: «Ah,

201

tú quieres estar en una clase más baja». Veo que tiene razón, que tengo dificultades en estar solo como holandés. Esto es lo que tengo que aprender. Ella se presenta a sí misma como la mujer de un famoso novelista alemán. Ahora tiene el pelo gris y no es la reina.

3. En la conferencia de un famoso viejo profesor, justo después de mi conferencia. Él lleva a todo el mundo al éxtasis. Alguien me dice que parezco cansado. Todos los libros que me rodean están escritos por otros. Me siento inútil.

4. En la cama con una mujer joven que quiere sexo oral conmigo. Primero se lo permito, luego la detengo. Le digo que no es posible. Los dos lo queremos, pero tenemos que parar.

5. La TV por cable estará por todo el mundo. Estamos construyendo una tapia en el tejado para utilizarla cuando tomemos el sol. Una amiga holandesa está aquí. En la casa de una mujer poderosa que fue como una madrastra para mí. Un misterio que atemoriza. De repente, la madrastra ha partido. Hay un mensaje en el contestador automático. Luego, voy a la tapia del tejado donde veo a la madrastra y su hija. Las dos están mucho más jóvenes. La madrastra tiene cincuenta años y su hija treinta. Están pálidas y dan miedo. Sé que son fantasmas. Grito. Se me acercan vestidas de rojo. No me creo que sean reales, pero me asustan como demonios. Al tocar a la madrastra mi mano la atraviesa.

6. Un hombre fantasma está de pie en una puerta roja que da a otro mundo.

7. En una dimensión desconocida. Un hombre ama a una mujer que también lo ama. Pero no son de este mundo. Cada uno de ellos es amado por uno del otro sexo en este mundo. Pasarán a este mundo mediante el amor que sus amantes terrestres sienten por ellos. De esta manera, pueden convertirse en reales y estar juntos. Usarán

el amor de los otros. Luego, se acercan uno al otro y ella dice: «¿Dónde estamos?» y él responde: «¡Estamos en un lugar que no existe!». Luego hay una explosión.

8. En algún lugar con mi amigo psiquiatra de Viena en una sala de estar en la mesa de mi infancia. Mientras él nos está dando de comer dirige la mirada al frente, a un edificio en concreto. Parece un aparcamiento de coches. Se acaba de dar cuenta de que el editor que ha estado buscando está justo enfrente de su calle y siempre ha estado allí.

Melbourne

9. Una diseñadora de moda amiga de mi vieja e íntima amiga Annie enseña vestidos preciosos en un tranvía. Son fantásticos. Ella no está interesada en mí en absoluto.

   Estoy meando animales espantosos. Estoy en una ducha de madera, preciosa. Estamos en Melbourne. Al principio, parecen mocos. Luego, veo que hay gusanos y parecen gambas, frescas, dulces *(Amebi sashimi)*. Luego, hay un insecto con alas, con patas largas y con antenas, con la consistencia babosa de un caracol cubierto de gelatina. Blanco. Luego hay muchos más. Veo que mi pene se ha dado la vuelta hacia arriba para dejarlos pasar. Deanne llega con su padre. Dicen que nada importa. Tengo que ir al hospital. Su padre dice que espera que comparta la habitación con un tío que murió de una embolia (pero que aún está vivo). Hay una sola cama.

10. Una amiga educa a sus hijos con malos tratos y con miedo. Ellos vomitan. El vecino de abajo, un hombre próspero cuyos dos hijos están jugando arriba, mira una película sobre nosotros. Le digo a la mujer que es demasiado tosca.

En el desierto

11. Una barca quiere partir. Voy a la Casa Blanca y entro en del despacho oval a través de una gran puerta. Me alegro de estar allí, el lugar me resulta muy familiar. Veo al presidente Clinton, que está muy inseguro. Se alegra de que me encuentre allí y me lleva a una reunión del Gabinete. Sólo reconozco a un amigo de Washington. La reunión transcurre junto a un foso oscuro y rectangular. De repente, unos pájaros prehistóricos empiezan a volar. Son rojos con gigantescas alas, también rojas. Pregunto a mi amigo si son pterodáctilos. Dice que no. Son pájaros prehistóricos que nunca había visto. Luego, la acción transcurre cinco años más tarde. Ha sido desarrollado un nuevo sistema de comunicación que utiliza unidades femeninas muy elegantes que tienen acceso universal.

12. Le dicen a un hombre: «Has sido tratado con más respeto que otros». Detrás de un coche azul que va muy rápido bajo el túnel que hay cerca de la casa de mi infancia.

Discutí parte de este sueño con Ilyatjari y Nganyinytja:

13. Una habitación con una doble puerta corrediza. El hermano mayor de mi padre está en la puerta de la casa holandesa vestido como un *bon vivant*. Se ha peleado con mi madre. Me pongo de su lado. Olvidé el tema de la pelea. Veo a mi tío con un pañuelo alrededor del cuello y con un traje con unos pantalones de golf, como si se hubiera vestido para carnaval, como solía hacer y tanto le gustaba. Yo me enfurezco. En la puerta veo a papá sentado en un sofá. Lo miro y me doy cuenta de que hacía mucho tiempo que no lo veía, mejor que me quede. Ha estado muy enfermo, a punto de morir. Voy hacia el sofá que está en el lado opuesto de la puerta. Lo abrazo y le digo lo mucho que lo amo.

Después de haber presenciado el viaje Ngintaka y oír a Diana, nuestra antropóloga guía y traductora, hablar sobre la mujer que se puso enferma con náuseas a causa del viaje del vómito:

14. Estoy con un grupo queriendo entender el ensueño. Parece haber un grupo nuevo y uno viejo. Me junto con el viejo y me entran unas náuseas terribles. Recuerdo el vómito del sueño de Ngintaka. También recuerdo la danza del vómito. Cuando me despierto veo las nubes encima de mí. Un águila gigante con unas alas extendidas cruzando el cielo encima de mi cabeza. Después de unos pocos minutos de observarla, desaparece. Luego hay un relámpago y empieza a lloviznar. Me levanto para cubrir nuestras pertenencias.

15. Estoy cansado y quiero echarme una siesta después del almuerzo. El viejo Ethan está allí y está muy enfermo. No hay medicinas para él. Una mujer en el tren ayudará. Quiero algún dulce y no encuentro ninguno. Quiero mazapán. Luego estoy en una pastelería suiza cerca de la parada de Springhouse (donde hice mi primera práctica analítica). La mujer es joven y me enseña el género. Luego, voy a dar una conferencia. Un hombre muy interesante en una silla de ruedas viene a preguntarme algunas cosas. Hay otra gente que viene todo el tiempo y no puedo llegar hasta él. Es un vestíbulo con mucha luz (como el que había cuando fui a escuchar una conferencia de Laurence van der Post para el memorial de Jung, cuando le dije a todo el mundo que no me iba a quedar en Suiza, sino que me trasladaría a Estados Unidos). Mientras voy hacia el hombre, uno de mis amores de juventud viene hacia mí. Estoy muy feliz de verla, pero también quiero llegar al hombre. Ella se desmaya y, finalmente, baila para mí, afuera. Siento no haber podido llegar a ver al hombre.

De vuelta en Alice Springs

16. Estoy en una habitación muy normal. Sé que hay otra habitación detrás. Pero el miedo empieza a venir. Me abruma completamente

y comienzo a gritar. He tenido este miedo anteriormente, pero nunca en una habitación tan normal.

Hemos sido trasladados a un lugar más bajo en el sendero del sueño. La espina dorsal de un tiburón de tierra está siguiendo a Deanne. Da mucho miedo.

Un estudiante mío de hace bastante tiempo está muy enfadado con los cambios en mi manera de trabajar. «Cada cual puede hacer su trabajo como quiera» le digo. Luego tenemos que cenar. Me siento junto a una mujer muy atractiva. Me veo obligado a decirle que estoy casado. Se queda muy decepcionada.

Adelaide

17. Estoy en un congreso. Estamos sentados en mesas largas. Estoy sentado con dos mujeres que han sido mis instructoras analistas. Una dice que no ha podido asistir a mi conferencia, pero que ha escuchado una vieja grabación mía. Ha estado «en la sombra». La otra tampoco ha estado en mi conferencia. Estoy decepcionado porque ninguna de las dos ha asistido. Me voy, mientras esquivo las hileras de gente. Luego, James Hillman, otro de mis analistas instructores, continúa hablando. Esto es, aparentemente, en su honor. Todos gritan «James», «James», «James», «James», «James». Éste es su congreso. Me siento celoso de él por ser tan productivo. Claro que la gente lo quiere. Siento que no he escrito nada. No he producido demasiado. Luego estoy sentado en Adelaide con una organizadora del *practicum*. Ella ha preparado mis conferencias en algunos puntos. Sobre todo, en lo concerniente a los misterios de Eleusis, los misterios de la mujer. Cada movimiento está presente como en una sinfonía. Pero no es mi charla. Pero esto es lo que ella espera que yo diga. Hablaré sobre los misterios de Eleusis. No lo tengo tan detallado en mi mente como ella lo tiene en sus papeles. Ella lo tiene, punto por punto, en una copia de papel carbón. Me voy afuera a dar una vuelta por la calle. Una calle con aceras. Quiero

tener el programa de mi conferencia para ver lo que he prometido. Salgo para ver si puedo conseguirlo. Estoy en una librería donde encuentro el catálogo de mi editor. Es un folleto bastante grueso y con varias fotografías mías en el exterior. En principio, parece que han publicado muchas de mis conferencias. Me siento feliz de que haya tantas cosas mías publicadas. Luego, veo que el libro se llama *La vida en el exterior*. Fotografías donde aparezco yo. Las fotos son muy rudas. Se me ve muy elegante y próspero. No tengo papada. Son de un color brillante. Cojo el libro. Estoy caminando con una mujer y le digo que no puedo dar la conferencia como ella quiere que lo haga. La tengo que hacer a mi manera. Puede que no esté tan bien organizada como la suya, pero es la mía. Ella está de acuerdo. Llego a una habitación donde un hombre y una mujer bailan. Él no tiene voz, pero sabe que, si continúa bailando con ella, le volverá la voz. Él sabe que su amor por ella hará que su voz vuelva. Ella es joven. Hay una especie de sentimiento Disney en todo esto. Ella se parece a la sirenita en versión Disney. Van dando vueltas y llegan a otra habitación donde está el piano; continúan bailando. Cuando acaba el tiempo, él ya tiene voz. Él canta con una voz fuerte, clara y muy bonita: «Ahora tenemos el amor más extraño. El amor más extraño, el amor más extraño; ahora tenemos...». Y, mientras giran, son muy felices, inmensamente felices.

18. Estoy en una intersección. Giro a la izquierda, pero tengo que volver. Estoy en un lugar camino de Boston. Tomo la izquierda y llego a un cruce donde cada calle tiene una sola dirección, la equivocada; por lo tanto, no puedo continuar. A mi derecha hay una mujer con pelo gris, una paciente muy depresiva a quien vi en un hospital mental. Ella va en bicicleta cuando yo intento girar para volver atrás. Choco ligeramente con ella y se pone tan histérica como cuando la tienen en el hospital. Chilla: «¡Pensar que tú creías que ibas a conseguir un Premio Nobel de la Paz!». «Yo nunca lo pensé, eras tú quien lo decía siempre», replico. Ahora, ella es mi madre y está muy irritada. Mi réplica la hace callar porque es verdad.

«¿Pero dónde tienes que ir?», pregunto. «Estamos en el lado de la autopista dividida, yo estoy viajando de vuelta a casa». «Tengo que ir al bar mitzvá de Robbie». Se refiere al otro chico de mi infancia que se llamaba Robbie. Le pregunto «¿Dónde?». Ella me dice: «Bueno, quizás puedas ir todo recto, pero es un largo trecho en bicicleta». Dice con voz irritada: «¡Sencillamente, déjame ser!». Parece mi madre en el sueño del hermano *bon vivant* de mi padre, enojado y martirizado. Se convierte en mi depresiva paciente otra vez. Está con una amiga, una mujer vieja que trata de calmarla.

Estoy en el coche con alguien. Parece que con uno de mis hijos. El pasajero pregunta: «¿Está loca?». Digo: «sí».

Sidney

19. Nos hallamos en un lugar del futuro con unas interesantes máquinas que tienen sus propias ideas. Hay una mujer allí que me agradece que haya venido y me explica todo lo que consigue de aquí. Tiene que ver con el retorno. Con volver desde una distancia tan enorme. Tenemos una reunión con un hombre. Una reunión con este hombre que es alto y grueso, un poco calvo y con el pelo rizado y rojo. Él dice: «Seguro que nos habíamos conocido antes. Yo te conozco». «¡Oh, sí!, yo también puedo reconocerte», replico. «Me eres vagamente familiar», dice. «Sí, tú tienes la otra parte de John (el colega)». Yo digo: «No, pero recuerdo estar en su funeral. John fue incinerado y repartieron las cenizas, este hombre tomó una parte y yo la otra». Dice: «Sí, cuando fuiste al desierto te llevaste las cenizas contigo». Estamos de pie en una especie de cocina y Deanne nos ha presentado.

20. Un hombre verá que yo me tomo el día libre y él cuidará de la mujer con quien estoy, así podré descansar y ella también. Los dos nos sentimos felices con todo esto. La gente dice: «Oh, Dios mío, hacen muchas cosas». Yo digo: «Sí. Pero el domingo dormiré».

Estamos sentados en un porche o en una terraza hablando todos juntos. Somos jóvenes estudiantes.

21. Me despierto en medio de la noche con un sueño donde hay tierra negra, arena negra y me duele el pecho.

22. Estoy con un grupo de gente. Alguien dirige la manera de funcionar de Australia. Estamos en una especie de tienda de campaña y, de golpe, todo pasa muy muy rápido. Hay elecciones y la gente sabe de una manera muy clara que este líder no las va a ganar. Las fuerzas más formales ganarán las elecciones. Vamos muy muy rápido, corriendo hacia un muro y lo atravesamos; volamos y, otra vez, todo se vuelve a mover. Éste fue su objetivo. Él es un australiano agreste y joven. Apoya la idea de Macquarie sobre la academia, que ha de estar en constante revolución, en constante movimiento. (El único Macquarie del que he oído hablar es uno de los primeros gobernadores de Nueva Gales del Sur. No sé nada sobre sus ideas). Sencillamente, todo se está moviendo y rompiendo. Al piloto le encanta porque esto es lo que él quiere y porque el mundo también es así. Atraviesa el muro, sale volando y todo es completamente nuevo.

23. Me introduzco en el desierto salvaje. Allí hay un grupo. Se sabe que las experiencias más importantes ocurren en la oscuridad y en lo desconocido. Hay alguien que encabeza otro grupo y él irrumpe en lo desconocido, en un mundo en constante cambio. Despiadado. Al principio, pienso que todo está equivocado. Nada bueno. Pero, más tarde, resulta que ellos respetan esto. Que él ha encontrado su manera. Y ellos quieren algo de la concentración del otro mundo para tratar con ellos mismos.

24. Estamos explorando un planeta desconocido. Nos adaptamos a un círculo rojo de polvo que se enrolla en el paisaje de polvo rojo, pero en realidad no podemos hacerlo.

25. Estoy siendo procesado por conductas de abuso sexual. Las acusaciones no han podido ser probadas. Estamos en Leiden, mi *alma mater*. Hay estudiantes que vienen en mi ayuda y, especialmente, un hombre joven que viene a mi puerta. Al principio, lo había visto de pie, cerca del canal que está al lado del edificio de la academia. Él está fuera y lo invito a entrar. Luego los otros también entran. Uno está extremadamente bien entrenado y lo envidio. Una mujer joven de la Escuela de Leyes dice: «El tiempo en el que no trabajabas ya se ha perdido. No se te reembolsará. Pero no habrá convenio, ni criminal ni civil. Probablemente, el caso se perderá».

Los Ángeles

26. Hay una habitación larga. Hay pósteres en las paredes como en una habitación de estudiante de mis días de Leiden.

27. En un congreso, hablando sobre los pitjantjatjara. Es un congreso junguiano y todos los expertos en Australia están muy enfadados porque no tenemos que hablar de esto, ya que pertenece al área de los expertos. Alguien dice que tenemos que tratar de entender a los individuos. Yo digo: «No, lo importante, primero, es sentir lo que es diferente de toda esta cultura, luego podremos empezar a comprender a los individuos». Siento que hay una división entre lo individual y lo cultural. Uno de los expertos se acerca, un hombre joven, un estudiante serio. Dice: «Hemos estado haciendo todos estos estudios y tú ahora haces esto. Al final, acabarás yendo detrás».

En casa

28. Hay una manifestación que cruza la calle de mi casa. Al principio, pienso que tiene que ver con el existencialismo, la xenofobia y

el trato a los extranjeros. Pero es algo comercial. No es genuino. Algo como Benetton United Colors. Hay mucha gente en nuestra cocina y tengo que pedirles que se vayan porque quiero estar con mi hija, que se ha quedado unos días en casa por vacaciones de la universidad.

29. Hay una mujer desnuda en la habitación de mi hermano John, en la casa de mi infancia, viendo una película. Alguien está estirado en el sofá y todas las mujeres empiezan a desnudarse. Me encuentro muy excitado y antes de llegar al orgasmo ellas ya han acabado. Quiero que se cambien una vez más. Y una se cambia, pero sólo a medias. Un amigo de John pregunta: «¿Qué vas a ser?» (en el sentido de cuando crezcas). «Pero si ya soy», respondo. «Pero, ¿qué vas a ser?», repite. Le digo que tengo una sólida práctica analítica en Cambridge, donde la gente viene de todas partes a verme. Un colega australiano que lo está oyendo me apoya. Dice: «Hay mucha gente que no tiene trabajo, pero él sí lo tiene».

30. Estoy en las montañas. Esquiando en arena roja. El programa de la mañana ha finalizado y una mujer trata de convencerme para que vaya a esquiar. Voy hacia la mujer y le pregunto qué desea y ella me responde que sólo quiere charlar. Ella dice que una pista lenta es algo mucho más introspectivo. Pero yo quiero ir a esquiar, aunque sea sin ella. Voy a la tienda. Un hombre japonés intenta alquilarme unos esquíes con unas ataduras muy viejas. Los rechazo y le digo que quiero unos que, al menos, tengan unos seguros de 1970. Los encuentra. El viento es tan fuerte que no puedo esquiar. Estoy en la pista. Se ha cometido un asesinato y yo pienso que fue uno de los hermanos. Pero resultó que uno de los hermanos, el joven Ethan, iba a matar al primer ministro. Era un malvado. ¿Ethan o el primer ministro?

Se me pone la piel de gallina cuando descubro a este joven Ethan bajando de la montaña. Canta el romántico *El violinista en el tejado*. Está entusiasmado. Pero no va a ir a ver a su bebé porque no quiere confundirlo, apareciendo por poco tiempo y luego desapareciendo otra vez.

31. Estoy en un pueblo pequeño y tengo mis dos sombreros. El Stetson y el Akubra. Estoy muy orgulloso de ellos. Son muy bonitos. Luego, estoy en la cama hablando con alguien. Hay un niño pequeño de tres años que juega con pinturas y no podemos controlarlo. Empieza a derramar pintura por todos los sombreros.

Me siento destrozado. Ha arruinado todos los sombreros. Vamos a ver al hermano de la mujer vieja que vive en un pueblo cercano. Llegamos al pueblo. Me dicen que la curiosidad mata al gato. Él evita invitarnos. Su vieja esposa me hace entrar.

32. Algunos chicos me engañan. Luego, irrumpen en la biblioteca a beber cerveza. Tengo que ir a casa. Uno de los profesores tiene que dejar la escuela y llegamos a un lugar donde uno de los edificios se dobla y se cae. Hay un terremoto y todo se colapsa; yo tengo que irme en mi moto. Pero no hay gasolina. No puedo arrancar. El mecánico me pregunta qué he hecho., Le digo que apreté todos los botones y dice: «Sí, lo has estropeado completamente. Te devuelvo tu dinero, 6000, ya no quiero tener más tratos contigo». Más tarde, vamos a buscar un lugar para guardar la moto. He estado terrible con todo el mundo, incluso con mi hijo, que no se parece a mi hijo. Todo está alborotado y la gente furiosa conmigo. Quiero irme corriendo con la moto, pero aún no arranca y alguien viene en dirección opuesta. Un amigo de mi hijo David. David dice: «Papá, éste es… él puede arreglarlo». Pero aún está igual y no podemos arrancar.

33. El pueblo entero intenta darnos alcance. Es una lucha encarnizada. Parece el mismo pueblo al que llegué cuando fui alcanzado por la moto. Corremos más que ellos y nos escapamos por poco. Están especialmente enfadados con una mujer que viaja con nosotros para volver a la casa de su infancia. De repente, la madre de alguien

sufre un ataque al corazón. Es una mujer muy religiosa y pide una biblia para ponérsela en el pecho. Ella morirá a las 6:37 y nos sentamos a su alrededor para escuchar sus últimos deseos. Al final, empezamos a cantar *Grada Divina*. Está muy relajada y se siente bien con todo esto. Es una granja. Dice: «Dicen que es como entrar en otra habitación y allí es donde voy». Le deseamos un buen viaje. Buen viaje. Estamos muy tristes, pero no es triste. Justo en el momento antes de sufrir el ataque al corazón le digo a su hija: «Ve con cuidado ahora, porque tu madre va a morir». En sus últimos momentos es joven. Alrededor de los treinta. Estamos sentados en círculo. Hay una mesa de café. Es una habitación un poco oscura. Morir es fácil cuando se tiene fe.

34. Alguna gente nueva en los grupos de prácticas está discutiendo el método y dicen que lo más interesante es observar qué es lo que hace que las cosas cambien. Hanako, el colíder de mi grupo de Tokio, se ríe y dice: «Partimos del supuesto de que es posible sentir lo que el "otro" personaje está sintiendo. Pero es sólo un supuesto porque quizás no podamos». Escucho atentamente y digo: «Es una buena idea observar qué es lo que hace que las cosas cambien». Me siento insatisfecho de que siempre acabemos en la paradoja. Es siempre lo mismo y estamos de acuerdo en intentar saber cómo cambian las cosas. Digo que esto es una buena idea porque el problema junguiano es que siempre se acaba en la paradoja. Y también se convierte en aburrido.

35. Estamos en una misión espacial, es el 2001. Hemos sido enviados a la estación intermedia más cercana, la Luna, y allí una mujer me toma y me enseña lo que hay alrededor. Es un lugar oscuro. Probablemente es de noche. Hemos llegado a algún lugar y llevamos trajes espaciales que no son los que normalmente se usarían para un paseo lunar. Son como monos de trabajo. Creo que son de color naranja, pero no estoy seguro. Es un paisaje nocturno. Hay piedras en el suelo. Digo: «¡Oh, Dios mío!, no cogí mi cámara de vídeo». Y

la mujer con quien estoy caminando, una de los astronautas, dice: «¡Oh!, no te preocupes, ¿ves aquellos paquetes? –Hay muchos paquetes por allí–. Los deben de haber empaquetado en algún lugar. Mira; ¡éstos son los únicos que hablan! ¡Dios mío, son muy caros!». «Lo son» –digo–. Debe de haber mucho abuso en el otro espacio». Llegamos a un lugar semejante a un patio que continúa en esta estación intermedia, en la Luna. De pronto, ella dice como si recordara algo: «Oh, ven que te enseñaré el lugar donde todo empezó». Me toma de la mano y me lleva a una cueva. Entramos en la cueva y, de algún modo, sé qué va a pasar. De alguna manera, lo sé. La transformación tiene lugar inmediatamente. Estamos bailando un vals. Y estamos claramente en el siglo XIX. Hemos viajado atrás en el tiempo, pero en ese momento no me doy cuenta. Aunque, por otro lado, lo sé. Ella lleva un traje del siglo XIX y yo llevo un frac. La habitación es grande. Todo el mundo está bailando el vals. Yo digo, en un alemán un poco roto: «*Madame*, quiero casarme con usted». Ella contesta en el mismo alemán roto, pero con un acento inglés: «Sí, yo también deseo casarme con usted». Sé que hay algo raro. Luego, es como si ella fuera una actriz; aún sé que continuamos en el siglo XIX. De repente, todo cambia. La gente en las gasolineras con sus camisetas sucias y yo recuerdo la palabra *Euro-pants*: pantalones rojos con tirantes. Estamos de vuelta en una ciudad del siglo XX, algún lugar en el Medio Oeste o en Texas. Es un choque tremendo, aunque sé lo que está pasando. Pero, así y todo, la transformación es un choque. (Mientras estoy escribiendo esto, noto que tengo la piel de gallina en todo el cuerpo y sé que es importante). Es una misión que va a tener que ver con el trabajo con los sueños. La misión es algo como la película *2001: Odisea en el espacio*. Tengo que continuar viajando en esto.

36. Alguien nos lleva a la montaña y es todo muy escarpado. Es un campeonato de esquí. Van muy muy rápido. Veo al mejor esquiador joven y sé que será el primero. En primer lugar, tomas un telesilla. Te da velocidad. Luego, eres empujado a la pista y todo

está extremadamente helado. Decido no hacerlo. Mi hijo y mi hija están allí. Veo a alguien lanzarse en caída libre junto con otros más. Continúan cayendo. Es muy alto. Decido bajar con el instructor. Bajamos por las escaleras y llegamos a la estación de fondo, de base. Mucha gente. Quiero volver a subir y decir adiós. Vuelvo a subir porque tengo mi chaqueta allí. Las escaleras son muy viejas y empiezan a romperse. Intento subir más rápido y, luego, toda la pared se derrumba. Está hecha de madera y cae completamente. Voy a ver al que está en la taquilla y le digo: «Se acaba de derrumbar la pared». Él dice: «Lo siento, no devolvemos el dinero». Yo le contesto: «No, no vengo por esto. Vengo a decirle que la pared se ha derrumbado». El me responde: «De acuerdo, lo empapelaremos». Antes de esto, habíamos tenido una discusión sobre si tenía que pagar ahora que la pared se había derrumbado. Yo digo: «No, es una ley internacional. No es responsabilidad mía si todo está roto». Luego, veo a mi hija en una fila muy larga que llega hasta la estación base. Ella va a ir arriba otra vez a coger mi abrigo. Luego volverá a bajar con él.

37. Estoy en un establo y todo está sucio. Habrá muy poco tiempo. Todo lo que viene de allí tiene muy poco tiempo.

38. Estoy en la casa de mi infancia mirando por la ventana. Una mujer holandesa, joven, amiga mía, está arriba. Ella me dice que suba porque, desde allí, tendré una vista mejor. Subo a otra habitación, pero del mismo piso (el más alto). Ella dice: «Ven, ven aquí, lo verás mejor». Voy a la habitación. Es el gran amor de mi juventud. Está tan hermosa como en el pasado. Sus piernas están cubiertas con una manta y beso sus pies a través de la manta.

39. Estamos en una casa que tiene un difícil acceso. Es necesario deslizarse por una parte estrecha cerca del hueco de la escalera. Estamos en Holanda en la boda de mis mejores amigos. Me siento a la mesa principal cerca de la madre del novio y frente a su padre. En frente de mí hay una mujer negra. Primero, hay una aguja clavada

en su piel. Luego, reconozco que también está clavada en mi piel. Siento que tengo algo más que está clavado debajo de mi ojo. Es una especie de enchufe. Luego me quito el enchufe de la boca. Éste tiene cuatro lados. Hay muchos muchos enchufes que salen de mi boca. También le está ocurriendo a la mujer negra. Al principio, los padres del novio están sorprendidos, pero luego empiezan a encontrarlo mal. Dicen: «Robbie, esto es una locura, estás yendo demasiado lejos. No puedes hacer esto. Es ridículo. Terrible». Se levantan. Se van de la mesa hacia otro lugar. Veo a la novia. Ella está arriba. Ahora ya no tengo más enchufes en la boca. Ella va vestida de una manera preciosa. Lleva un traje de seda antiguo. Está esplendorosa. Es de un ligero color marfil. Incluso parece un tafetán. Le hago una reverencia y ella se ríe. Está rodeada de todas sus damas de honor. Luego encuentro un mapa. Un mapa muy antiguo. Ahora soy otro. Un estudiante rubio como la paja con un sobrenombre en latín cuyo padre ha sido un embajador originario de una isla griega. Yo/él encuentro/a el mapa. Hay un dibujo en el mapa. El dibujo es un cuadrado con una X en su interior, una cúpula con forma de cebolla arriba del todo. La imagen completa me recuerda un reloj de arena. Él siempre va acompañado de este dibujo en todas sus aventuras. Ocurren muchas cosas y él tiene que enfrentarse a ellas. Al final, vuelve a la boda con el mapa enrollado bajo el brazo. Está muy avergonzado por todo el desorden que ha provocado –ha sido capaz de conservar el mapa a pesar de todas estas tribulaciones–. Pero ahora ya ha acabado todo. Las mesas largas están vacías y las sillas permanecen apoyadas en ellas. Es una sensación como del después-de-la-gran-fiesta, a la que él no ha podido asistir. Más tarde, se dirige hacia el río y se sienta en la hierba. De pronto, observa a su izquierda, en el borde del río, un edificio. El edifico es idéntico, pero idéntico, al del dibujo que ha llevado consigo durante todas sus aventuras (a medida que escribo esto se me va poniendo de piel de gallina). Se puede leer en holandés: «Dit is het ontwerp van de wereld» («Éste es el dibujo/huella del mundo»), él lo mira y yo estoy de pie a su lado. Lo contempla entusiasmado. Luego, de inmediato, el edificio se vuelve viejo. Se desmorona, desaparece completamente de este mundo. Parece como si todo el edificio se fuera. Le digo: «¡Te tengo un enorme respeto por todo lo que has hecho! Porque realmente estaba allí. Tú lo sostuviste en la imagen. Porque lo hiciste del modo en el que lo hiciste, fuiste capaz de mantenerlo en la imagen. La imagen estaba realmente presente. El edificio ha existido realmente. Nadie lo sabe, sólo tú. Tú guardaste la imagen. Tú lo sabes. Y no creo que yo hubiera sido capaz de hacerlo». Aún me asusto cuando las cosas no van bien en la mesa y con los enchufes en mi boca cerca de los padres. Fue una terrible experiencia. El edificio era de madera, de madera vieja, de forma geométrica. Al principio, cuando era nuevo, resultaba muy hermoso. Pero se hizo viejo muy rápidamente. Porque hace mucho mucho tiempo. Se hace un juego antes de la boda. Alguien se va transformando constantemente. De repente, lo veo disfrazado de elefante. El juego tiene que ver con la noción de que todo posee un significado y que las cosas son significativas en un grado ridículo. Me maravilla cómo continúa haciéndolo todo el rato. Por lo tanto, podría ver el edificio, el *Entwurf*. Era como un molino dónde molían el grano. Muy antiguo, muy muy antiguo.

40. Antes de explicar mis experiencias con los aborígenes, tengo que enseñar lo que hay en la lata. Tiene algo que ver con causa (como causa y efecto). Parece que hay posibilidades de entrar en este espacio que ahora es la lata.

41. Tengo una reunión con un hombre atractivo que me enseñó la vida nocturna de una gran ciudad australiana. Nos encontrábamos con tres amigos en un coche, un viejo cacharro americano de color blanco. Mi guía de la vida nocturna conduce del lado derecho del coche. Le estoy hablando sobre el estar en dos mundos al mismo tiempo. Entiende perfectamente. Tenemos una muy buena comunicación. Y me siento en el lugar de la izquierda. Los otros quizás estén en otro coche. Tengo cosas conmigo que tengo que enviar a

casa. Me sorprende eso de estar en dos lugares al mismo tiempo. Él y dos de sus amigos van a encontrarse con mujeres negras, amigas de ellos, con quienes van a tener sexo. Al principio, llegamos a una habitación donde hay mujeres que cocinan. Su piel parece pan. O como un suflé de huevos blancos. Hay mucho vapor, mucho calor, mucho sudor. Una de las mujeres se mete debajo del agua y su cabeza se encoge. Algo como la Bruja del Oeste en *El mago de Oz,* pero diferente. No es amenazante.

Luego, hay más cosas que tengo que enviar a casa, para el otro mundo. Vamos a una oficina de correos donde me piden la identificación. Mi carnet de conducir no tiene la fotografía. Puedo ver cómo la foto va desapareciendo a medida que se la enseño al hombre que está en la taquilla. Me harán una fotografía y la pondrán en el pasaporte, así tendré una identificación en este mundo. Le digo a mi guía nocturno: «Es lo mismo que en las otras historias que ya has oído sobre el fantasma». Refiriéndome a que no tienen cara ni tampoco se reflejan en los espejos. Parece una oficina de correos temporal. Estoy en dos sitios al mismo tiempo. Estoy en América y en Australia al mismo tiempo, pero esto es imposible. El asiente, con la cabeza, conoce el problema. Se lo explica a un amigo suyo en una lengua que no entiendo. Tengo que enviar estas cosas a casa, ponerlo en una caja y hacer un paquete. La caja está en el lado derecho de la oficina de correos. Pero no puedo coger la caja de madera que está allí. Tengo que conseguir otra caja, pero mis amigos se han marchado. No quiero perderme el sexo, por lo tanto, le digo al empleado de correos que dejo eso allí y que ya volveré, porque en esta doble vida puedo hacer cualquier cosa sin que me encuentren. Me siento sin ninguna responsabilidad en absoluto. Voy corriendo detrás de ellos, detrás de una colina, y no los veo. Hay un pequeño edificio y algunas casas conectadas a un pequeño establecimiento. Lo recorro a ver si los encuentro. En todas partes hay fiestas. Gente joven como en los viñedos. Son las siete de la mañana. Se me acerca un hombre que ha estado viviendo en Japón tres meses. Yo digo que Japón es un gran país. Estamos en Japón. Veo a mis amigos otra vez.

Los tres hombres. Me siento muy feliz. Espero que ahora lleguemos al sitio. Luego, empiezo a perder la realidad. Intento mantenerla, pero desaparece, Me despierto.

Mientras estoy en esta otra vida hago un experimento. Cierro los ojos e imagino que estoy en esta otra vida. Este experimento es muy diferente de estar allí realmente, porque cuando abro los ojos todo a mi alrededor es completamente real. Y lo siento, lo sé y lo puedo tocar y es completamente real. Y aun cuando lo imagino con los ojos cerrados, es muy tenue e irreal. Por lo tanto, la diferencia entre recuerdo y realidad es la misma en el mundo de los sueños que en el mundo físico.

42. Estoy con un hombre y le pregunto si puede estar en contacto con mi guía nocturno australiano por mí. Dice que no lo conoce. «Pensé que sería amigo tuyo». No quiere darme su número de teléfono, por lo tanto, no podré volver a verlo.

43. Cuando dos espíritus quieren habitar el mismo lugar, cuando quieren llegar al mismo tiempo, cada uno tiene que tener menos realidad, porque los dos no pueden ser reales y llegar a la vez. Por lo tanto, tienen que tener una capa que les rebaje su realidad. Si no, no pueden estar los dos en el mismo sitio. Esto es lo que pasó. Siento como si tomara lecciones *ngankari*.

44. Un profesor me enseña cómo están hechas las cosas. Pero se ha de hacer junto con la mente occidental, y esto toma mucho mucho tiempo, y una vez que las cosas están empezadas, la mente occidental ha de irse. Alrededor de una mesa esperando el momento adecuado. El espíritu sabio ya no tiene su fuerza.

45. En Ámsterdam camino del hotel. Nosotros (mi mujer, Deanne, y yo con muchas maletas) nos perdemos en los sótanos y acabamos cerca de los barrios bajos. Volvemos al agente de viajes. Él es el detective de la película *Quién engañó a Roger Rabbit*. Decide que

nos ayudará porque es peligroso. Mi mejor amigo y yo volvemos a buscar el equipaje a los sótanos. Al final, volvemos y estamos en el distrito erótico de noche, en París. Alguien dice, «Aquí tenéis lo que buscabais. Vais después de vuestro deseo. Y esto no es tan peligroso como perderse en el sótano».

La primera semana de vuelta al trabajo

46. Dos contratos seguidos en mi práctica analítica. Con un cliente lo he hecho dos veces seguidas. Hay una cama en mi oficina. La tengo que doblar.

47. Estamos hablando sobre la amiga de Annie, que aún está enfadada conmigo porque abandoné a Annie el último año de su vida. Mi madre piensa que es normal que esté enfadada.

48. Con mi esposa y mi hija en un largo viaje en coche. Vamos a parar en un restaurante. Entramos. Voy al lavabo de hombres a mear. El hermano de mi guía nocturno australiano entra con su amante. Están abrazados. El amante es delgado y moreno. El hermano es rubio oscuro. Dice: «Sí, mi hermano ha estado afuera, pero te escribirá pronto». Me pongo contento porque yo quería volver a estar en contacto con él. No quiero utilizar el lavabo porque está el hermano y yo siento atracción por su amante. El amante se parece a un amigo estudiante que era muy fino. Pregunta cuán grande es mi... (No puedo oír la palabra en mi grabadora, [sic]).

49. El otro Robbie de mi infancia me lleva a su casa, que está en el parque que lleva el nombre de la reina que estuvo en la boda de la Corte Interna. Vamos al piso de arriba. Estamos solos. Digo, «Jesús, no he estado aquí desde hace años... Esto no es verdad –me corrijo a mí mismo–. Aún pude ver a tu padre aquí mismo antes de que se muriera». El estanque que hay detrás del parque está

muy bonito con los colores anaranjados de la puesta del sol. Me pregunta si quiero beber algo. Le pido un agua tónica.

50. Estamos en un restaurante, un lugar de comida rápida. La mesa es de mármol blanco con una sola pata de acero inoxidable. Con mamá, papá y mi hermano John. Papá ha estado muy enfermo, pero parece que se está recuperando y mamá quiere empezar a viajar otra vez. Ella quiere ir a París. Le pregunto a papá si no es demasiado para él. Dice, «Sí. Bueno, ya veremos». Parece preocupado y empieza a llorar porque está muy cansado y no puede más. «Bien –digo–, mamá puede ir sola y John vendrá a estar contigo por una semana. Y a mí también me encantará venir un fin de semana». Miro su piel. ¡Le quiero mucho! Llora y empieza a caerse y a dormirse encima de la mesa. Me siento a su lado. Luego estamos en el coche. Pienso. «He estado en su funeral. ¿Cómo es posible? Debe de estar muy enfermo». Luego me doy cuenta de que estoy soñando. Está sentado a mi derecha. John conduce, pero no es John. Y lo único que sé es cuánto quiero a papá. Lleva su gorra blanca.

51. Algo sobre sombreros diferentes. Es el siglo XIX.

ÍNDICE